© Thomas Schultz, 2025
© Buzz Editora, 2025

PUBLISHER Anderson Cavalcante
COORDENADORA EDITORIAL Diana Szylit
EDITOR-ASSISTENTE Nestor Turano Jr.
ANALISTA EDITORIAL Érika Tamashiro
ESTAGIÁRIA EDITORIAL Beatriz Furtado
PREPARAÇÃO Letícia Nakamura
REVISÃO Giulia Molina Frost, Julian F. Guimarães
  e Daniela Georgeto
PROJETO GRÁFICO Estúdio Grifo
ASSISTENTE DE DESIGN Letícia de Cássia
IMAGEM DE CAPA Legushka/ Adobe Stock

Todas as citações de abertura de capítulo são do próprio autor.

*Nesta edição, respeitou-se o novo Acordo Ortográfico
da Língua Portuguesa.*

Dados Internacionais de Catalogação na Publicação (CIP)
(Câmara Brasileira do Livro, SP, Brasil)

Schultz, Thomas
*Ninguém nasce sabendo se relacionar: Um guia para quem
busca relacionamentos extraordinários* / Thomas Schultz
1ª ed. São Paulo: Buzz Editora, 2025
208 pp.

ISBN 978-65-5393-445-0

1. Autoajuda 2. Autoconhecimento 3. Relacionamentos
I. Título.

25-266815	CDD 158.2

Índice para catálogo sistemático:
1. Relacionamentos: Psicologia   158.2

Eliete Marques da Silva, Bibliotecária, CRB 8/9380

Todos os direitos reservados à:
Buzz Editora Ltda.
Av. Paulista, 726, Mezanino
CEP 01310-100, São Paulo, SP
[55 11] 4171 2317
www.buzzeditora.com

THOMAS SCHULTZ
@thomytalks

NINGUÉM NASCE SABENDO SE RELACIONAR

Um guia para quem busca relacionamentos extraordinários

*A todas as mulheres que já se perguntaram:
"Será que o problema sou eu?". Este livro é para vocês.*

*Para as que sofreram ou sofrem por amor, para
aquelas que vivem ou viveram um grande amor e
para aquelas que ainda têm esperanças.*

*E para todos os homens que querem entender
o universo feminino e aprender a cultivar relações
mais saudáveis e equilibradas, pois a
responsabilidade é de todos.*

Agradecimentos

Em primeiro lugar, gostaria de agradecer às minhas pacientes. Talvez vocês não façam ideia do quanto me ensinaram — e ensinam — sobre superação, sobre cair, levantar e nunca desistir. Tenho um carinho e um orgulho imenso por cada uma de vocês. Obrigado por confiarem e compartilharem seus medos, vulnerabilidades e sonhos comigo. Eu levo um pedacinho de cada uma comigo.

Aos meus seguidores que estiveram comigo desde o começo, acompanhando minha jornada e acreditando em mim: eu sei quem são vocês!

À equipe que me ajudou neste livro, agradeço a imensa paciência que tiveram comigo.

E a todas as pessoas que estão dispostas a aprender sobre relacionamentos, meu sincero agradecimento.

Nota ao leitor

Este livro tem como objetivo e foco mulheres. É claro que isso não exclui outros gêneros. Todos podem aprender e se beneficiar, mas minha especialidade como psicólogo de relacionamentos é voltada para as dinâmicas das mulheres em relacionamentos heterossexuais.

Mas por que isso? Cresci fascinado pelo universo feminino: desde criança achava chatos e entediantes os assuntos dos garotos e sempre preferi conversar com as meninas. Inicialmente, eu também tinha esse interesse porque sofria de baixa autoestima, e conversar com as meninas era uma forma de eu entender mais sobre elas: afinal, o que elas querem? Mas depois percebi que as dinâmicas das relações humanas são completamente diferentes umas das outras, e comecei a me apaixonar pelo estudo dessas interações.

Escrevi este livro com base na minha experiência clínica como psicólogo, período em que atendi muito mais mulheres do que homens. Foi nesse contexto que aprendi muito sobre relacionamentos e desenvolvi ferramentas para ajudar minhas pacientes a lidarem com as mais variadas situações. É claro que nem todo mundo vai concordar com tudo o que ler aqui, e tudo bem. Meu objetivo não é trazer verdades absolutas e inquestionáveis, mas sim compartilhar experiências decorrentes de anos de atendimento, que podem ajudar muitas outras pessoas além daquelas que recebi em meu consultório. No entanto, caso alguém se sinta ofendido com alguma afirmação feita por mim neste livro, peço desculpas de antemão. Assim como aprendi ao longo da vida e reitero ao longo do livro, somos sempre capazes de nos transformar e crescer.

Para preservar a identidade das pacientes, seus nomes foram alterados e suas histórias levemente modificadas.

Ninguém nasce
sabendo se relacionar

Você está prestes a começar uma jornada que vai mudar sua forma de enxergar os relacionamentos. Relacionar-se não é uma habilidade com a qual a gente nasce. Muito pelo contrário: é algo aprendido, algo com que erramos e, com o tempo, vamos nos aprimorando. Este livro foi pensado para mulheres que desejam entender melhor as dinâmicas amorosas e, acima de tudo, aprender a se valorizar e não aceitar menos do que merecem.

Em cada capítulo, você encontrará histórias de mulheres enfrentando desafios que muitas vezes parecem impossíveis de superar. Mas também vai encontrar as ferramentas e estratégias que usei com elas para vencer essas barreiras. Este não é um livro de "receitas prontas" — cada relação é única. Não existem fórmulas. Mas ele oferece reflexões valiosas para ajudar você a construir a sua própria trajetória nos relacionamentos, de forma mais consciente e saudável.

Nestas páginas, você verá:

1
Maiores desafios dos relacionamentos atuais

A pressão de encontrar o parceiro ideal e os novos desafios dos aplicativos de namoro dificultam cada vez mais a busca por um relacionamento. Vamos entender os erros comuns cometidos atualmente — e, mais importante, como evitá-los.

2
Superando o fantasma do ex

Nem sempre é fácil deixar o passado para trás. Aqui, você vai aprender a lidar com um relacionamento que já terminou, mas que você ainda não superou. Vamos falar sobre como dar um passo definitivo para seguir em frente.

3
Comparações irreais, relacionamentos impossíveis

Parar de se comparar com as outras pessoas pode parecer impossível, mas é um dos passos mais importantes para encontrar a felicidade nos relacionamentos. Neste capítulo, você vai descobrir como a vida representada nas redes sociais é capaz de suscitar expectativas irreais sobre as relações.

4
Quais são suas crenças?

Já parou para pensar em como as crenças que você carrega sobre amor e relacionamento moldam suas escolhas? Vamos explorar o impacto dessas crenças e, quem sabe, reescrevê-las.

5
Bloqueio emocional

Muitas vezes, construímos barreiras para nos proteger da dor. Neste capítulo, você vai identificar esses bloqueios emocionais, aprender a derrubá-los e se permitir entrar em um novo ciclo.

6
Dependência emocional

A dependência emocional pode nos fazer esquecer quem somos. Vamos falar sobre como recuperar sua independência dentro de um relacionamento, sem abrir mão da conexão.

7
Relacionamentos abusivos

Identificar um relacionamento abusivo nem sempre é fácil, e sair dele pode ser ainda mais difícil. Aqui, você vai descobrir como reconhecer os sinais desse tipo de situação e, o mais importante, vai aprender como se libertar dela.

8
Os quatro pilares da autoestima e autoconfiança

Neste capítulo, você aprenderá a construir a base de tudo: sua autoestima e confiança. Com esses pilares, é possível aumentar sua chance de obter um relacionamento saudável.

9

Relacionamento à distância e ciúmes

Relacionamentos à distância não são fáceis, porém, com as ferramentas certas, eles podem dar certo. Vamos falar sobre os segredos para manter uma conexão forte, mesmo quando há centenas ou milhares de quilômetros de distância entre os dois.

10

Primeiro encontro e expectativas

O primeiro encontro é cheio de expectativas. Neste capítulo, você vai descobrir como navegar por essa fase com mais leveza e sem deixar a ansiedade ou expectativas irreais atrapalharem.

11

Ghosting: ele sumiu. O que fazer?

Se já passou pela situação em que a pessoa simplesmente desaparece, este capítulo é para você. Vamos entender o fenômeno do "ghosting" e como se proteger emocionalmente para não deixar isso derrubar você.

12

O que você quer e busca em um relacionamento?

Nem sempre sabemos o que realmente buscamos em um relacionamento. Este capítulo vai ajudar você a alinhar expectativas e a identificar o que é importante de verdade.

13

Quebrando antigos padrões

Muitas vezes, repetimos os mesmos erros em diferentes relacionamentos. Vamos falar sobre como reconhecer e romper esses ciclos para, finalmente, abrir espaço para uma nova maneira de se relacionar.

14

Relacionamentos saudáveis

Todo mundo fala sobre ter um relacionamento saudável, mas o que é isso, afinal? Neste capítulo você vai entender o que caracteriza uma relação saudável, além de como vivenciá-la e mantê-la.

Agora que você já tem uma ideia do que vem por aí, é hora de mergulhar na leitura. Este livro foi pensado para quem está cansado de repetir os mesmos erros e está pronto para dar um passo à frente. Então, pegue seu café, relaxe e vamos começar. O caminho para relações mais saudáveis começa aqui!

1

MAIORES DESAFIOS DOS RELACIONAMENTOS ATUAIS

"Quase nunca é azar.
Quase sempre é uma escolha ruim."

— Nada dá certo. Eu não consigo. Nenhum dos meus relacionamentos vai para a frente. Parece que jogaram praga em mim. Depois de transar, o cara some. Não é possível isso...

Rafaela tinha começado a terapia para entender por que nenhum de seus relacionamentos dava certo. Divorciada e sem filhos, ela estava profundamente frustrada com o desfecho de todas as relações que tentava fazer funcionar. Aos quarenta anos, uma fase na qual muitos especialistas descrevem como o auge da sexualidade feminina, por causa da autoconfiança e do autoconhecimento — como aponta o estudo *Sexual Aging: A Systematic Review of Qualitative Research on the Sexuality and Sexual Health of Older Adults*, de Matija Sinković e Lauren Towler —,[1] ela se via presa em um ciclo de relações falidas.

Com os cabelos presos em um coque, sentada confortavelmente, Rafaela disparava a contar como estava se sentindo em relação a tudo aquilo. Intensa e emocionada, ela usava aplicativos de relacionamento de forma constante. Conhecia os homens através deles e, no início das conversas, havia muitas trocas de mensagens de bom-dia, boa-noite e "como você está?". Havia também muitas conversas picantes e sexuais, iniciadas pelos homens com quem trocava mensagens, e Rafaela, sem notar que isso era um sinal de que não estavam interessados em um relacionamento estável, dava corda. Saía com aqueles homens duas ou três vezes, transava com eles e, depois do terceiro encontro, a coisa esfriava e o cara perdia completamente o interesse.

Logo na nossa primeira sessão, já falamos sobre aquele padrão e, desde então, vínhamos trabalhando em sua maneira de encarar as relações. Por que isso acontecia com Rafaela? Certamente não era maldição alguma ou dedo podre.

O primeiro motivo era que os homens com quem saía sempre queriam só sexo. Quando o conseguiam, demonstravam sua real intenção: sexo e nada mais. Logo buscavam outra no mesmo aplicativo, já que, cultural e historicamente falando, são inerentes ao homem a conquista e a sedução.

O segundo motivo era que a expectativa em relação aos relacionamentos era muito alta. A cada interação, ela realmente acreditava que iria encontrar um namorado em potencial. E, no início, tinha a ilusão de que o interesse e o nível de investimento emocional entre os dois eram recíprocos. Ou seja: Rafaela acreditava se tratar de uma troca genuína.

Nesse caso, a conversa no aplicativo começava de maneira muito frequente por parte dos dois — e isso criava a ilusão da reciprocidade. Porque ela existia, de fato, embora não durasse. Mas no terceiro ou quarto encontro o cara simplesmente desaparecia e a relação esfriava por completo.

— Tô tão cansada disso tudo — ela repetia. — É sempre a mesma história. Parece que estou vendo o mesmo filme em looping... Nada dá certo. Nada vira namoro...

Então, ela recuava, porque a frustração a impedia de seguir adiante. Mas em determinado momento não conseguia mais ficar sozinha e retornava aos aplicativos de namoro. Só que voltava para eles sempre com os mesmos comportamentos. Ela não percebia um aspecto muito relevante em sua história: o fato de usar a **INTENSIDADE** como métrica de avaliação para entender se a pessoa estava interessada nela. Ou seja, o indicador ou parâmetro que ela usava para avaliar o interesse da outra pessoa (e dela) era o quanto a relação era intensa, eufórica e arrebatadora.

INTENSIDADE

É quando uma relação já começa com um nível de proximidade e frequência desproporcional, com trocas de mensagens o dia inteiro, ou quando você cria uma intimidade e relata seus segredos e vulnerabilidades em pouco tempo, quando a química sexual é explosiva e arrebatadora, e você tem a sensação de que tudo está acontecendo rápido demais.

É claro que ninguém gosta de perder tempo e de uma relação tão devagar que nunca leva a nada, mas temos que tomar cuidado com os extremos, pois neles existem muitas projeções e até decepções. Como diz o ditado: "Tudo que sobe muito rápido, desce muito rápido".

Você pode estar se perguntando por que a intensidade não foi efetiva como métrica de avaliação, ou parâmetro, para a Rafaela. É simples: mesmo pessoas interessadas apenas em sexo casual podem curtir trocas de mensagens diárias e encontros frequentes. Só que Rafaela chegava a se apaixonar já nesse início, dado que eram relações hipersexualizadas e com boa química.

Então, ela sofria quando esfriava.

— Vamos analisar os padrões, porque sempre tem um. Se não está dando certo, temos de encontrar esse padrão e quebrá-lo — eu disse durante uma de nossas primeiras sessões.

E foi justamente isso que avaliamos: encontros que culminavam em sexo muito rapidamente, ou então mensagens picantes, mas sem aprofundamento — atitudes que constituíam o padrão dela, embora não correspondessem com o que ela buscava em uma conexão.

Quero deixar algo claro logo de cara: o sexo no primeiro encontro não é um impeditivo para se tornar um relacionamento de longo prazo. (Aliás, quase todas as namoradas que tive fizeram sexo comigo no primeiro encontro.) Entretanto, este é um fator impeditivo para muitas pessoas — mais comumente, homens —, pois a expectativa da recompensa é saciada com rapidez. Quanto mais se prolonga essa expectativa, maior é a liberação de dopamina — uma substância produzida em nosso cérebro —, que provoca o interesse do homem naquela mulher. Não importa se o motivo inicial foi apenas uma boa transa. Ao adiar o sexo, ela ganha tempo para conquistar esse homem — inclusive para lhe mostrar o que tem a oferecer. E é aí que o homem em questão começa a se envolver emocionalmente com a mulher.

Então, quando um homem, por exemplo, consegue levar a mulher para a cama logo nos primeiros encontros, há a tendência de satisfazer suas necessidades físicas e, consequentemente, perder o interesse de conhecer a mulher mais a fundo ou de criar uma conexão emocional com ela.

Assim, certo dia, um amigo antigo de Rafaela a convidou para sair. Ela estava na dúvida se ia ou não.

— Por que você não quer sair com ele? — perguntei.

— Porque não sinto esse fogo e essa intensidade com ele — ela respondeu.

Observei a maneira como Rafaela se movimentava e dizia aquilo. Na hora, já entendi a situação.

— É exatamente disso que você precisa. É necessário construir uma relação sem se basear apenas na intensidade inicial. Porque temos a tendência em acreditar que a intensidade é uma coisa boa, mas "intensidade" é sinônimo de "extremo", e tudo que é extremo tende a não durar. E, pior, tendemos a associar calmaria e previsibilidade a algo ruim e até brochante.

Ela não sabia até então, mas as pessoas intensas e emocionadas carregam uma tendência de entrar em relacionamentos que parecem verdadeiras montanhas-russas, porque são viciadas naquela euforia. Se a outra pessoa não for tão intensa, ela avalia as reações do parceiro como desinteresse com relação a ela ou até desinteresse dela própria, porque não faz emergir aquela sensação de fogo e paixão a que está acostumada.

Desse modo, para quebrar esse padrão, foi extremamente importante que Rafaela começasse a sair com aquele amigo antigo.

E, nessa jornada, o conheceu melhor, relacionando-se de fato com ele. O contato se tornou constante. Mesmo que inicialmente não tivesse atração sexual por ele, continuou indo aos encontros e só teve uma relação sexual no quinto encontro. Então, começamos a identificar o padrão dela: concluímos que aqueles relacionamentos que "esfriavam" depois do sexo só tinham conversas cujos temas eram nudes e sexo.

Ou seja: os homens só a chamavam nas conversas para falar sobre sexo, e não para efetivamente conhecê-la. Esse era um detalhe que ela não percebia.

No novo caso, o desafio enfrentado por Rafaela era entender que a relação que estava sendo construída não era intensa. Era constante, segura e até previsível. O lado negativo disso era que ela sempre ficava buscando uma comprovação de que o cara não estava interessado nela.

— Tá vendo? Ele demorou quatro horas para me responder — ela reclamou, certa vez, ansiosa.

Olhei para ela e respondi calmamente:

— Isso não é métrica de desinteresse. Isso é métrica de intensidade. Métrica de interesse é o cara te chamar para sair no fim de semana. Não importa se durante a semana ele te mandou poucas mensagens.

Dito isso, é claro que a afirmação acima é válida somente se o homem não desaparecer.

E eu também a questionava:

— Quantas vezes por semana vocês se falam para você dizer que ele está demonstrando desinteresse?

— Não é isso... A gente se fala todo dia... Mas é que às vezes ele acorda e não dá bom-dia...

Muitas pessoas, assim como Rafaela, confundem intensidade com interesse. E eu repito: intensidade não significa, necessariamente, interesse. Intensidade geralmente é fogo de palha.

Com as novas descobertas, ela estava modificando o próprio comportamento a fim de conseguir se relacionar com o novo ficante. E o sentimento por aquele novo parceiro só crescia. Ou seja, ela enfim estava construindo uma relação de fato. No começo, ela só tinha uma curiosidade por ele, um interesse. Sabia que ele tinha um papo legal, mas era um relacionamento morno, sem picos de euforia. E ela estava lutando em prol de seu objetivo, porque tinha de mudar seu comportamento se quisesse obter outros resultados. Como sempre tinha usado a métrica de intensidade para avaliar interesse, Rafaela sempre acreditava que o fato de ele não enviar mensagem até meio-dia era algo ruim.

— Lembra-se do seu padrão antigo? — eu dizia. — Quando você recebia uma porção de mensagens no início e isso logo esfriava? Com ele é diferente. Com ele, você tem calmaria. Tem segurança. Sabe por que ele não te manda mensagens em excesso? Porque tem a confiança de que no fim de semana vocês estarão juntos.

Como os dois já tinham saído algumas vezes, ele não tinha mais medo de ela "desaparecer" nem sentia a necessidade de enviar um monte de mensagens para demonstrar que estava por perto, evitando o risco de ela se desinteressar.

Se nos últimos quatro fins de semana ela tinha saído com ele, os dois desenvolveram certa previsibilidade. Porque ele era um cara constante.

— Mas ele não me mandou nenhuma mensagem — às vezes ela dizia, com crises de ansiedade.

— Por que você não assume o controle e manda uma mensagem para ele, Rafaela?

Ela ficava quieta e depois soltava:

— Mas a mulher deve mandar mensagem?

Então, expliquei a ela sobre o equilíbrio nessa troca.

Em um relacionamento, principalmente no início, existe uma dinâmica de poder. E o que isso significa? A título de exemplo: o homem está interessado, demonstra suas intenções e envia uma mensagem. O poder, que é o poder da resposta, passa para a mulher. Então, ela responde e o poder volta para ele. Se ele enviar três mensagens sem uma resposta, é capaz que esse poder esteja desequilibrado, pendendo mais para o lado da mulher. E se ele envia várias outras mensagens e não obtém resposta, a relação corre perigo de se desequilibrar completamente, destituindo-o do poder. É claro que não existe um número exato de mensagens que meça o desinteresse de alguém, mas dá para entender o conceito.

No entanto, algumas pessoas acham isso "bom" para elas, e podem fazê-lo por não perceberem que isso é apenas um "joguinho". Mas existe uma grande diferença entre jogo e sedução.

Jogo é manipulação. É quando você faz algo em benefício próprio. Já a sedução é em benefício dos dois. Por isso, muitas pessoas acabam olhando a mensagem e demorando para responder, em uma tentativa de manipular o outro e criar ansiedade e expectativa. Mas é importante ressaltar que você deve tomar cuidado e não sair categorizando o comportamento do outro como manipulador só porque ele demora a responder. Temos sempre que levar o contexto em consideração; por exemplo, o horário e o dia em que você manda mensagem podem influenciar no tempo de resposta, que, durante a semana, em horário de trabalho, pode ser maior. Pode ser que a outra pessoa esteja sobrecarregada de mensagens e reuniões. Por isso, essas dicas de internet que dizem que "quem quer arranja tempo" são simplistas demais e devemos ter mais cautela na nossa conclusão.

Portanto, se o homem manda uma mensagem para a mulher e ela responde, mas no dia seguinte ele não envia mais nenhuma, essa balança imaginária está razoavelmente equilibrada. Não é como se a mulher tivesse enviado três mensagens e ele não tivesse respondido mais.

Mas temos uma visão cultural — e, de certa forma, machista — de que o homem precisa dar o primeiro passo sempre. Não tem nada de errado em acreditar nisso. Muitas mulheres acreditam que irão afastar o homem se enviarem a mensagem, porque entendem que o homem gosta do ato da conquista. Só que, se observarmos a dinâmica das mensagens, é preciso atentar para esse equilíbrio.

Muitas vezes, a questão é que, se a mulher tem necessidade de validação sobre o interesse de seu parceiro nela, acaba em uma situação de suscetibilidade e com menos poder na dinâmica da sedução, porque ela depende que o homem faça o movimento esperado. Seguindo esse raciocínio, se ela faz o movimento, fica com a pulga atrás da orelha, questionando a si mesma: "Será que ele está interessado em mim ou só respondeu porque insisti?".

Tenho uma paciente que está saindo com o mesmo parceiro há oito meses. Já conheceu todos os amigos dele e o acompanhou em eventos sociais, como casamentos. No entanto, ele não assume o relacionamento, isto é, não a pede em namoro.

Olhe só a situação em que a mulher se encontra. Como "socialmente" é o homem quem pede a mulher em namoro, ela não toma a atitude. Mas por que não o faz? Se você acha que é por medo de ele dizer "não", enganou-se. Porque, se ela o colocar contra a parede, o medo que a perturba é: "Se eu não o tivesse confrontado, será que um dia ele teria me pedido em namoro?".

Ela queria uma validação dele.

Essa é a posição em que, muitas vezes, a mulher acaba ficando na dinâmica do relacionamento. Entender essa dinâmica interpessoal é um dos maiores desafios das relações atuais.

Hoje ela não tem poder algum e a balança está em desequilíbrio, porque ela é refém de uma decisão do homem. Ela deseja que o ficante um dia a peça em namoro.

Esse é o papel dos rótulos de relacionamento. E muitas pessoas carregam o discurso de que "não fazem questão de serem pedidas em namoro". No entanto, um rótulo pode ter importância gigantesca na relação. A função dele é estabelecer regras. Ou seja: definir o que pode e o que não pode.

Porque, se uma mulher está ficando com um cara há oito meses e ele decide, um belo dia, sair rumo a uma festa sem comunicá-la, ela não pode tomar nenhuma iniciativa de cobrar esse homem, porque teoricamente "os dois não namoram". O mesmo pode ser dito em uma situação em que ele recebe uma mensagem de outra mulher no celular.

O pior de tudo é que essa mulher não pode se impor, simplesmente porque não é namorada dele. Logo, não ficaram definidos os limites do que ela pode ou não exigir. E isso faz com que ela permaneça em uma insegurança constante.

— Isso não está mais dando certo. Você reparou? — perguntei a essa paciente, que via a relação degringolar.

— Ah, mas o que eu faço? Se eu o pedir em namoro, nunca vou saber se ele aceitou genuinamente ou não.

Então, respondi a ela:

— Você está há oito meses com ele. Qual é o custo que isso está tendo em sua saúde mental? E se você não se sentir validada ao pedi-lo em namoro, pode deixar que depois trabalhamos isso na terapia. Garanto que consigo trabalhar isso em você, mas o que não consigo mais trabalhar em você é a ansiedade. Sua saúde mental está sofrendo um desgaste com a sua situação atual.

Veja bem, eu não estava dizendo para ela perguntar: "Quer namorar comigo?". Existem formas mais sutis de fazer isso. No caso dela, sugeri uma maneira menos vulnerável de obter uma resposta.

— Você mencionou que tem um almoço marcado com ele e os pais dele. O que acha de perguntar como ele vai te apresentar?

— Consigo fazer isso e não vou me sentir tão mal. Não vou sentir que estou fazendo o pedido de namoro.

A paciente saiu da sessão mais aliviada e sabendo o que fazer. Hoje em dia, esse casal está de fato namorando, mas foram necessárias mais algumas indiretas para conseguir esse resultado. E, no fim, foi ele que pediu (que alívio!).

O PARADOXO DA ESCOLHA: SEMPRE PODE HAVER ALGUÉM MELHOR

Muitas pessoas buscam relacionamentos estáveis com todos com quem saem, como Rafaela. No entanto, ao primeiro sinal de que o outro está desaparecendo — se ele fica, por exemplo, 24 horas sem mandar mensagens —, ela já busca outro no aplicativo.

Pessoas como Rafaela não oferecem o benefício da dúvida. Ela não saberá se foi apenas naquele dia que o cara não mandou mensagem ou se houve algum motivo específico para isso — como um dia pesado no trabalho ou um problema pessoal —, então nunca investe a fundo em uma pessoa. Sempre está pulando de galho em galho, com medo da rejeição — e, como mecanismo de proteção, ela já parte para outra.

No caso de Rafaela, como expliquei anteriormente, hoje trabalhamos juntos para que ela entenda que relacionamento não precisa ser sinônimo de intensidade. E é claro que ela pode existir, porém, na maioria dos casos, a intensidade é contrária à constância. Tudo que sobe muito rápido, desce muito rápido. Na área da física e nos relacionamentos.

Essa é a definição do **PARADOXO DA ESCOLHA**: o medo de fazer uma escolha e se arrepender por pensar que poderia ter alguém melhor. Por ter várias opções, ela muda de uma pessoa para outra e nunca sabe em quem realmente investir, porque engana a si mesma dizendo: "Talvez tenha alguém melhor. Nesse cara não vale a pena investir". E, assim, essa mulher fica sempre na dúvida e dificilmente escolhe, de fato.

> **PARADOXO DA ESCOLHA**
> Conceito popularizado no livro *O paradoxo da escolha*,[2] do psicólogo Barry Schwartz. Nele, o autor defende que muitas opções de escolha acabam gerando quatro consequências: 1) paralisia na decisão, ou seja, as pessoas ficam paralisadas, não conseguem se decidir por medo de fazer a escolha errada e, consequentemente, postergam a decisão; 2) menos satisfação após a escolha, ocasionada pelo pensamento de que talvez poderiam ter feito uma escolha melhor, gerando arrependimento; 3) expectativas irreais pela busca da solução perfeita, gerando frustração e cobrança excessiva; e 4) autoculpabilização, ou seja, quando as pessoas têm a expectativa de fazer boas escolhas, mas acabam errando. Isso gera uma culpa, já que a responsabilidade da escolha era exclusivamente dela.

QUANDO MEDIMOS A MÉTRICA DE INTERESSE, A ABORDAGEM IMPORTA

Um homem que está interessado vai fazer um convite destinado a conhecer melhor a mulher em questão, sem que o sexo esteja necessariamente vinculado ao momento a dois. E, mesmo que esteja implícito que o sexo vai acontecer depois de um jantar a dois à noite, por exemplo, é diferente de o homem a chamar para a casa dele.

Estatisticamente, observo um padrão um tanto claro nas minhas consultas: se um cara a chama para almoçar em um fim de semana, é provável que esteja muito mais interessado em conhecê-la do que em levá-la para a cama. Em geral, um programa à noite carrega consigo uma tensão sexual implícita mais forte do que um programa à tarde ou de manhã. Temos de avaliar o contexto do que eu chamo de "dias e horários premium", que são a sexta, o sábado e o domingo em horário nobre.

Porque, em alguns casos, é bom desconfiar: se ele a convidar para sair apenas às quartas e quintas-feiras à noite, ou está saindo com várias mulheres ou é casado (salvo exceções). Será que ele a levaria para almoçar em um sábado às duas da tarde ou em um restaurante badalado em uma sexta-feira à noite? São muitos detalhes, mas são questões às quais vale a pena se atentar.

No entanto, a métrica de interesse, ou parâmetro de avaliação, hoje resume-se, geralmente, à quantidade de mensagens e ao tempo de resposta. A mulher cuja intenção é entrar em um relacionamento precisa estar atenta à abordagem do homem, e vice-versa, porque as relações líquidas e descartáveis estão, justamente, na falta de investimento profundo nos relacionamentos. As pessoas pulam de galho em galho, assim como Rafaela fazia no exemplo anterior, mantendo-se na superficialidade da intensidade do primeiro momento.

É o que muitas pessoas têm feito. Buscam a intensidade e, quando a conexão para de ser intensa, acreditam que "morreu".

Isso ocorre porque estamos vivendo uma epidemia de **HEDONISMO**, na qual queremos "dopamina, dopamina, recompensa, recompensa". E as pessoas passaram a associar calmaria a desinteresse.

> **HEDONISMO**
> Significa prazer. Ou seja, uma sociedade hedônica que vive atrás de sentir prazer imediato e intenso. A consequência disso é a busca por relações casuais e o abandono de qualquer relação que exija esforço ou desconforto. O problema é que, para termos uma relação de longo prazo, precisamos enfrentar o desconforto, como conversas difíceis, sacrifícios em prol do casal e até renúncias, como, por exemplo, o sonho de ir morar fora sozinha. Essa é a diferença entre pensamento de curto prazo e pensamento de longo prazo. No primeiro, queremos uma recompensa imediata, aqui e agora. No segundo, sabemos que teremos que enfrentar desafios no presente para concretizarmos o que queremos lá na frente, ou seja, um relacionamento estável e duradouro. Essa é a diferença entre uma relação casual e uma sem prazo de validade.

O relacionamento costuma ter duas fases: a primeira é de intensidade, imprevisibilidade e inconstância, e na segunda fase ele assenta e você obtém constância, previsibilidade e segurança. Então passa-se da imprevisibilidade para um momento de calmaria. Nós nos apaixonamos porque não sabemos se aquela pessoa com quem nos envolvemos é nossa. Essa incerteza — que inclui aspectos como se ela vai mandar mensagens ou sair no fim de semana, por exemplo — gera obsessão pela pessoa. Isso é algo que pode ser usado a seu favor, se souber seduzir o outro.

Se você acabou de conhecer um homem em um aplicativo e saiu uma única vez com ele para jantar, sem fazer nada além disso, cuidado ao mandar mil mensagens de forma emocionada, pois isso tem grandes chances de afastá-lo, porque destitui você de elementos de imprevisibilidade. Ele simplesmente acaba tendo a segurança de que você está na dele. Sei que é difícil de aceitar, mas as pessoas desejam e se atraem por aquilo que não têm certeza de que podem ter. E isso não é fazer joguinho, mas sim controlar seu lado emocionado e intenso.

SÍNDROME DO PETER PAN: RETROCESSO DA MATURIDADE E NEGAÇÃO AO COMPROMISSO

Hoje podemos detectar um *boom* de homens e mulheres infantilizados que se negam a mudar e crescer. Um dos meus pacientes tem 38 anos. Estava namorando há mais de dois anos e foi se mudar de apartamento. Quando isso aconteceu, a namorada perguntou: "Nós não vamos morar juntos?".

A resposta dele foi terminar com ela.

— Não estou preparado para morar junto — ele disse.

Depois, eles retomaram a relação, mas o ato de terminar foi uma demonstração de sua infantilidade. A questão não é que se um homem de 38 anos namora há dois anos e não pensa no "próximo passo", significa que ele está se recusando a crescer e vive a síndrome de Peter Pan, e sim que existe um processo natural de desenvolvimento das relações. Para diferenciar se a outra pessoa vive essa "síndrome", basta observar se o comportamento dela é parecido com o de um adolescente. Ela pensa só nela, é egocêntrica, vive uma vida de baladas ou noitadas, só pensa em ter relações casuais, assim como um adolescente faz? Então provavelmente ela não é uma pessoa para ter expectativas de relacionamento.

Vale ressaltar que não existe uma forma correta de viver a vida. Esse termo é utilizado no contexto de relacionamentos amorosos de longo prazo. Se o cara quiser e estiver feliz com essa abordagem, quem somos nós para criticar? Mas, como psicólogo, percebo uma correlação entre essas pessoas e uma imaturidade perante a vida. Como falei anteriormente, viver não é uma busca incessante por prazer. Pelo menos não deveria ser, porque isso representa uma distorção da realidade, ou imaturidade em aceitar que na vida temos desafios e dificuldades, e que viver com pensamento a curto prazo impede que você se desenvolva como pessoa. Por isso, usei o termo infantilidade.

Outra ressalva importante é que existem casos em que a pessoa tem dificuldade em formar vínculos duradouros e foge disso a todo custo. Pode ser por um trauma gerado por outro relacionamento, ou até pela experiência de ter crescido em um lar disfuncional, com pais infelizes que só brigavam e se agrediam. Existem casos e casos, mas uma coisa é certa: na maioria deles, é imaturidade mesmo.

Você pode até se perguntar: mas e se já fui casada e não quero mais morar junto de outra pessoa, por querer meu espaço? A resposta é que são situações diferentes. Temos de levar em consideração diversas variáveis, como a faixa etária da pessoa, se ela já foi casada ou não, entre outras. Para uma mulher que nunca se casou e tem o objetivo de fazê-lo, esse lance de "cada um na sua casa" não cola, porque ela tem na cabeça que morar junto faz parte do pacote "casar". Pode até ser uma ilusão de um relacionamento perfeito, mas é a associação que muitas pessoas fazem.

As pessoas imaturas geralmente estão na faixa dos 40 anos, nunca namoraram ou nunca foram casadas. Querem viver a adolescência tardia. E, quando digo "casamento", não me refiro a fazer uma cerimônia religiosa ou dar uma grande festa, mas sim ter um compromisso mais sério que um namoro, como morar juntos.

Então, se o homem apresenta várias das características mencionadas anteriormente e não quer dar esse passo adiante, trata-se de um sinal vermelho para o relacionamento a dois, caso a mulher deseje se casar. Porque o casamento é um objetivo importante para muitas pessoas que estão se relacionando.

Um cara que, na faixa dos 40 anos, nunca foi casado, provavelmente está com o ego voltado para si. Quando nos casamos, temos de pensar na outra pessoa. Precisamos fazer concessões e abrir mão de interesses próprios e individuais em prol do casal. Por isso, se você encontrar um homem nessa faixa etária que nunca foi casado ou que não teve uma relação mais longa, minha dica é: fuja para as montanhas. Sem ele, claro!

HOMENS *VERSUS* MULHERES

Outro dia me perguntaram no Instagram se eu acreditava que "homens e mulheres buscam coisas diferentes pela construção social". Achei a pergunta excelente e quis dividir com vocês a resposta, já que acredito que seja muito reducionista dividir os seres humanos em apenas duas classes — homens e mulheres. Há mulheres que buscam segurança e outras que buscam aventuras. Algumas mulheres buscam provedores, outras não querem nem chegar perto de um cara que paga a conta do restaurante, e outras sequer querem se relacionar.

Não podemos generalizar esse tipo de questão, principalmente porque não é toda mulher que deseja um compromisso, casar e ter filhos. Entender isso é libertador, pois a generalização acaba fazendo com que a gente perca muita coisa.

Essa generalização é o maior equívoco que vejo nas pessoas. Além disso, é reducionista. Por quê? Porque pegamos nossas experiências e as aplicamos como se fosse um lugar-comum para todos. Só que não é assim que funciona, já que os universos masculino e feminino são muito mais complexos do que isso. É normal as pessoas quererem simplificar para entender melhor um assunto, mas alguns temas não podem ser ultrassimplificados, sob o risco de serem deturpados. Esse é o caso das relações humanas, que são complexas por si só.

Não é porque você foi traída por um companheiro no passado que deve presumir que todos os homens são traidores. Vou lhe dizer: mesmo que a maioria seja, caberia a você justamente garimpar aqueles que não o são. Mas, assim como não podemos generalizar no que diz respeito às mulheres — é absurdo presumir que toda mulher é interesseira, não acham? —, não se deve generalizar sobre os homens também.

Cresci com uma pergunta na minha cabeça: "O que as mulheres querem?". Procurei durante toda a minha adolescência a resposta para essa questão, mas o problema é que a pergunta estava errada. Percebi isso porque eu estava reduzindo as mulheres, como se existisse um único tipo delas e todas quisessem a mesma coisa. Não existe essa regra. Existe, na verdade, o que cada uma quer para si, o que cada uma acredita — ou seja, suas crenças, sejam elas de que ao homem deve ser atribuído o papel de provedor ou de que a mulher deve ser independente —, e nada disso é uma verdade absoluta. São crenças. E, a priori, não há nada de errado com isso, contanto que ela encontre um homem que responda às suas expectativas e que também tenha essa mesma visão de mundo. Mas isso não significa que essas crenças não tenham consequências negativas e que devemos viver cegamente conforme elas, pois não as escolhemos. Elas vêm de nossas experiências passadas, da educação dos pais, da relação entre eles, da cultura em que você está inserida, da religião, de eventos que a marcaram, da influência de pessoas e até do que você lê, assiste, da forma como as conexões cerebrais são estabelecidas, entre muitos outros fatores.

Há mulheres que, por uma série de fatores internos e externos, são mais submissas ao homem, mais permissivas. Tive pacientes assim, cujo papel era ficar em casa tomando conta dos filhos, enquanto o papel do homem era prover. E elas eram felizes com essa dinâmica que haviam escolhido. Mas será que elas escolheram, ou aprenderam que essa era a forma correta de viver a vida? Somos mais um produto do meio do que gostaríamos de admitir. Ou seja, o contexto nos molda. Por isso a importância de questionarmos o que acreditamos e formarmos novas crenças: as nossas crenças.

Hoje vemos uma falácia circulando pelas redes sociais chamada "energia feminina" e "energia masculina". É absurdo falar isso, porque a definição de cada papel é um acordo feito entre cada casal. E o termo "energia masculina e feminina" não significa absolutamente nada. Ele carrega consigo uma visão antiga de que o homem deve ser o líder, ser fisicamente mais forte, e é ele quem deve carregar as compras, ser o protetor, porque o corpo dele é maior, enquanto a mulher é uma colhedora de amoras que permanece em casa preparando a comida e cuidando da cria. Trata-se de uma visão antiquada, que leva em consideração características culturais de uma época que não é mais aquela em que vivemos. Um homem líder e provedor, nessa visão, tem posição hierárquica maior na relação.

Para mim, o saudável é uma relação sem hierarquia, com divisão de papéis que não esteja atrelada a características, teoricamente, exclusivas de gêneros. Por exemplo, a "liderança", que antigamente era uma característica associada aos homens (salvo personalidades como Cleópatra, rainha Elizabeth e outras), já não é mais exclusividade deles — pelo contrário, é uma caraterística indispensável para qualquer pessoa que queira alcançar certos cargos de poder. Então, vejo essa moda de "energia masculina e feminina" como uma tentativa de voltar aos tempos em que, por convenções sociais, havia uma relação hierárquica no relacionamento. Esse é o meu ponto de vista, minha visão de mundo e de como eu acredito que deveria ser.

Certa vez, atendi uma mulher cujo marido decidiu ser a pessoa que ficava em casa cuidando das crianças. Ela era a provedora. Ela era uma figura forte dentro de casa e ele era mais submisso. É importante falar também sobre algo que tende a acontecer em relacionamentos de longo prazo: a mulher costuma mudar ao longo dos anos e o cara para no tempo e se estagna. Para ele, está tudo bem ficar naquela zona de conforto.

Só que aí há exatamente um descompasso entre o processo dela e o do marido. Ela avança e ele fica parado no tempo. Porque, para ele, as circunstâncias estão satisfatórias. Então, justifica isso dizendo que a mulher nunca está satisfeita. Esse tipo de embate gera um distanciamento entre o casal. É claro que não é isso que acontece com todos os homens, mas, quando acontece, ele é visto como um encostado, que não se mexe, não tem proatividade, e aí ela começa a perder a admiração por esse cara.

Sei disso não só porque vejo casos assim nos meus atendimentos, mas por experiência própria. Minha ex-esposa decolava cada vez mais em diversas áreas da vida, e eu entrei em uma zona de conforto. Isso aconteceu porque eu tinha baixa autoestima, mas seguimos caminhos opostos justamente por conta desses motivos. Ela entrou no perfil de cuidadora, de mãe, de resolver tudo. Assim, perdeu o tesão por mim, justamente por eu ter entrado na zona de conforto e estagnação. Quando a mulher entra nesse papel de mãe ou de cuidadora, o tesão e a atração começam a diminuir. E a atração sexual na mulher está correlacionada à admiração que ela sente pelo parceiro. O que atrai homens é diferente do que atrai mulheres.[3] Para o homem, o visual é suficiente para estimular a atração sexual, por mais que outros fatores também sejam importantes. Mas, para a mulher, só isso não costuma ser o bastante. Já ouvi de pacientes que mesmo que haja um homem como o George Clooney ao lado delas, se ele for um acomodado, não vai gerar atração e desejo de transar com ele. Existe uma complexidade maior na atração da mulher pelo homem. Essa complexidade também se reflete na dinâmica do relacionamento ao longo do tempo. O desejo não é estático, ele requer crescimento pessoal e até o desenvolvimento da relação. O que antes te atraía pode não atrair mais. Logo, é importante perceber a relação como um organismo que evolui, e que, por isso, ambos precisam se desenvolver enquanto indivíduos.

Em uma entrevista, a atriz Mônica Martelli comentou sobre como a sua relação mudou e evoluiu conforme o tempo passou.[4] Existe um grande equívoco nos relacionamentos — que veio à tona com a pauta dessa entrevista —, que é o fato de acharmos que permanecemos casados com a mesma pessoa ao longo dos anos, mas não é bem assim que acontece, pois as pessoas tendem a mudar. E, com isso, há três cenários possíveis: 1) as duas pessoas mudam em sentidos diferentes e vão se afastando dentro da relação; 2) uma das partes muda e a outra fica estagnada; ou 3) ambos mudam, se reconectam e reconfiguram a rota e seus acordos.

Na realidade, aquela frase clichê de que precisamos nos reapaixonar pela mesma pessoa ao longo dos anos não é bem verdade. A gente tem de se apaixonar pelas diferentes versões e transformações da pessoa ao longo dos anos. Você tem de se apaixonar pelas ramificações daquela pessoa, porque ela vai se tornando alguém diferente. E você também não é a mesma pessoa por quem o outro se apaixonou.

É por isso que é tão difícil manter um relacionamento de longo prazo: porque esquecemos esse fator básico de que a pessoa com quem estamos hoje não é a mesma pessoa com quem iniciamos a relação. A pior coisa é estar com uma pessoa que não mudou depois de anos, porque isso indicaria que ela não cresceu em nada. Ficou parada no tempo. Temos de nos adaptar. O relacionamento é um organismo, e todo organismo sofre transformações e crescimento.

Voltando aos estereótipos, olhe só as associações que fizemos: agressividade, firmeza, provisão, defesa — tudo isso costuma estar relacionado a características masculinas, enquanto associamos à mulher as características de cuidado, escuta ativa, sensibilidade e delicadeza. Mas estas características não são exclusivas de cada gênero. Pode haver um homem com características de sensibilidade, e isso não faz dele menos homem. Existem intersecções. E reforçar estereótipos é uma catástrofe, porque vemos homens sofrendo cada vez mais com sua saúde mental, pois não sabem verbalizar sentimentos, acreditando que precisam ser "durões" e que fragilidade e vulnerabilidade são características "de mulher".

Trata-se de uma questão cultural, não um mero fator biológico. A criação dos homens os fez associar o ato de chorar como sinônimo de fraqueza. É uma associação criada. E como ocorrem essas associações? Por meio de um mecanismo reforçador de crenças e comportamentos chamado de condicionamento social, que se dá desde a infância. Os meninos, geralmente, escutam frases como "engole o choro", "meninos não choram", "você é o homem da casa". Por mais que essas frases pareçam inofensivas, elas reforçam que meninos não podem sentir ou exprimir seus sentimentos, não podem ser vulneráveis e devem ser fortes o tempo todo. Se um menino se machuca e não chora, ele é recompensado por sua bravura, mas se ele chora e exprime seus sentimentos, é punido como sendo molenga ou sensível demais. E isso é carregado até a vida adulta, tornando a expressão das suas emoções uma ameaça à sua masculinidade.

O ambiente também exerce forte influência sobre o homem. O sociólogo Pierre Bourdieu defende que introjetamos e aprendemos esses padrões de pensamentos e comportamentos no nosso contexto social e, o pior de tudo, agimos de acordo com eles, sem questionar.[5] A consequência disso são homens que sofrem em silêncio, reprimem suas emoções, se tornam agressivos e até autodestrutivos. Outro problema é que isso não atinge isoladamente os homens, pois eles trazem esses comportamentos e padrões de pensamento para os relacionamentos. Geralmente, apresentam dificuldade de se comunicar, de se expressar e até de escutar. Muitos não têm relacionamentos longos, pois não conseguem se abrir e formar vínculos emocionais, já que associam isso a fragilidade e fraqueza. Para termos um relacionamento saudável, precisamos abrir o nosso coração, compartilhar nossos medos e inseguranças, demonstrar vulnerabilidades; só assim nos conectamos de verdade. Mas para alguém que acredita que para ser "macho" não se pode agir assim, fica quase impossível formar esses vínculos. O mais irônico é que você precisa ser muito "macho" (nessa mesma lógica) para compartilhar suas imperfeições.

O contrário também ocorre. Enquanto meninos são condicionados a ser fortes e a engolir o choro, meninas são condicionadas a expressar suas emoções, a chorar, a ser frágeis e a dependerem dos outros. A consequência disso também é carregada até a vida adulta, mas de uma forma diferente. Mulheres podem chorar e ser emotivas, mas sem exageros. Podem depender de outra pessoa, mas não ser carentes demais. Podem ser fortes e corajosas, mas sem parecer muito "masculinas". Ou seja, podem ser como quiserem, mas sem exageros e excessos. Têm que ficar atentas e vigilantes o tempo inteiro e precisam corresponder às expectativas da sociedade.

Mulheres aprendem na infância que seu papel principal é cuidar e dar suporte. A consequência disso são mulheres que anulam o que sentem e se sacrificam em prol do outro. O outro vem em primeiro lugar. Por isso a dificuldade de sair de um relacionamento ruim ou abusivo é tão grande. A missão de cuidar — e até de salvar — já foi introjetada nelas. Vejo uma tentativa de justificar ou racionalizar e dar sentido aos comportamentos do outro com frases estereotipadas que representam isso muito bem, como: "Tirando as partes ruins, ele é uma pessoa boa" ou "Eu consigo mudar ele". Nos meus atendimentos, chamo isso de Papel de Mãe, de Cuidadora ou Salvadora, e vejo isso mais do que gostaria. É como se fosse um apoio incondicional, independentemente do mal que o outro causou. Afinal, o papel da mulher é dar suporte, apoiar e cuidar, não é mesmo? (Ironia.)

E, fazendo um paralelo sobre o que se entende como papel da mulher hoje em dia na sociedade, vamos refletir: se o papel do homem sempre foi o de ser provedor, a partir do momento em que a mulher o supera como provedora, ele perde a sua função e sente que perdeu a própria identidade e o propósito. É difícil desconstruir isso — eu mesmo não consegui desconstruir essa ideia em meu casamento. O meu ímpeto era tanto de cuidar como de prover, e eu não conseguia fazer os dois. Ao mesmo tempo, eu me sentia desconfortável pelo fato de ela ser a provedora. Está bem, vou ser sincero, eu sentia que minha masculinidade estava sendo castrada. Que viagem! Sei que o real culpado era eu e que esse pensamento era retrógrado, mas fiquei perdido. Assim como é para muitos homens, para a mulher dos dias de hoje também está sendo conflituosa essa história de "onde eu me encaixo nesses novos relacionamentos?".

35

Atendo mulheres que buscam um tipo de dinâmica em que o homem é o provedor e elas focam em cuidar do lar. E quem sou eu para questionar a forma como elas devem viver os seus relacionamentos? Por outro lado, atendo outras pacientes que não se importam em ter uma pessoa para dividir os gastos e preferem uma relação mais igualitária. Outras, ainda, querem homens de "pulso firme", com proatividade, que tomem as rédeas da situação.

— Preciso de alguém que lidere, não quero ser a pessoa que lidera dentro do relacionamento — dizem.

Aí temos uma divisão clara de que não existe uma forma nem uma fórmula certa para se viver um relacionamento.

Já tive uma paciente evangélica que queria seguir os preceitos da religião. Ela queria se casar com o namorado e que ele assumisse o papel de provedor. Ela queria ter filhos e cuidar apenas das tarefas do lar. O namorado dela era militar, o que fortalecia ainda mais esse papel na relação. Podemos imaginar que o saudável é não ter uma hierarquia na relação, mas ela tinha essa intenção.

— Eu quero um homem que tome as rédeas da relação — contava ela.

No entanto, o namorado não correspondia a essas expectativas: não tinha pulso firme nem características de liderança que indicassem que ele poderia desempenhar esse papel desejado por ela.

Então, ela traiu o namorado com o ex, que tinha essa atitude.

Depois que o traiu, ela foi para a casa dos pais do noivo, reuniu todo mundo na sala e contou a todos o que tinha feito, afirmando estar extremamente arrependida. Os pais a desculparam, e o noivo também, eventualmente. Não sei ao certo se ela se casou com ele, mas uma coisa eu sei: provavelmente ela não ficaria satisfeita com ele e ainda teria o ex como referência do que buscava.

A verdade é que não existe fórmula ou receita para todos. É necessário descobrir o que funciona para você e o que você deseja. Não existe mais o "certo". O que existe é a opção de escolha! A dinâmica dos relacionamentos está mudando, evoluindo. É como se estivéssemos em fase de testes, colocando as pontas dos pés em novos mares e escolhendo onde vamos mergulhar. Se antes havia apenas a dinâmica do patriarcado, agora surgiram alternativas a esse modelo. O importante é cada pessoa ir em busca do que quer para si e não do que a sociedade impõe como "certo".

EXPECTATIVAS IRREAIS

O que você espera do seu parceiro?

Muitas pessoas buscam um companheiro que seja melhor amigo, confidente, amante, mentor e cuidador. Ou seja: uma pessoa que desempenhe todos os papéis sociais em uma relação. Mas isso é uma expectativa irreal, porque uma pessoa só não consegue desempenhar todas essas funções. Sempre pergunto para minhas pacientes: você namoraria um homem cuja melhor amiga não é você?

Muitas não namorariam, e não é por causa de ciúmes. A resposta delas se deve ao fato de pensarem que esse papel deveria ser delas. E aí tudo fica pesado porque, assim como esperam isso do parceiro, também querem ser amantes, amigas, coaches profissionais — tudo de que a outra pessoa necessita. Ou seja, essas mulheres também querem desempenhar todos os papéis dentro da relação.

Em uma relação, quando todos os papéis ficam centralizados em uma só pessoa, coloca-se sobre ela uma expectativa que jamais será desempenhada adequadamente. Qual é o problema de cada indivíduo ter seus próprios amigos? De ter mentores em áreas distintas? Por que algumas pessoas têm essa necessidade de ser tudo para o outro e vice-versa? O fato é que ninguém consegue desempenhar todos esses papéis muito bem. E isso acaba por limitar o convívio do outro com terceiros e gerando uma eterna insatisfação no casal.

Essa expectativa de que o outro supra todas as suas demandas sociais e emocionais acaba desgastando a relação, porque em algum momento um dos dois não conseguirá atender a essas expectativas e isso vai gerar culpa, frustração, ressentimento e até uma percepção equivocada de que o relacionamento não está dando certo como poderia. O casal cria esse ideal perfeito do que deveria ser e, como não conseguem desempenhar todos os papéis, acreditam estar falhando. Ou então acham que a outra parte não está satisfazendo todas as demandas, gerando uma sensação de insuficiência. Todo relacionamento saudável requer espaço entre o casal, um espaço de individualidade para que ambos possam buscar outras fontes de apoio e conexão. O contrário disso são casais que acreditam que sozinhos se bastam, que não precisam de mais ninguém.

Sabe aqueles casais de adolescentes que se esquecem dos amigos e familiares e vivem um para o outro, se isolando de tudo e de todos? Então, isso não é saudável, por mais que pareça ser. Soa até romântico, como vemos em frases do tipo: "Eu e você contra o mundo". Mas por que se limitar apenas a essa conexão e apoio se podemos ter mais, muito mais? Desenvolver conexões e amizades com outras pessoas não ameaça o relacionamento do casal. Muito pelo contrário, fortalece esse relacionamento, uma vez que não gera desgastes com expectativas inalcançáveis. Quando ambos entendem que não precisam, nem conseguem, ser tudo um para o outro, a relação fica muito mais leve e até coerente com a realidade.

2

SUPERANDO O FANTASMA DO EX

> "Ninguém é insubstituível.
> Lembre-se disso."

Já ouviu falar sobre o fantasma do ex? Aquele espectro que surge na mente da pessoa que está tentando seguir em frente, mas parece acorrentada a algo que não a deixa prosseguir?

Juliana, uma paciente cujo relacionamento durara dezoito longos anos, ainda estava lutando contra o tal fantasma. Ela sabia que a relação havia acabado bem antes de ela, de fato, terminar, principalmente porque já sentia certa repulsa ao toque dele. Não havia química nem atração sexual, e era nítido que o casamento estava encerrado. Quando ela colocou um ponto-final à relação, foi acometida por um alívio momentâneo.

Embora ele tenha se sentido rejeitado, quem ficou mal foi ela, que o viu com outra em um estalar de dedos.

— Como pode, Thomas? Ele me substituir assim, do nada?

Justo ela, que tinha dado as cartas do jogo, não entendia o que estava acontecendo e jogava o corpo na cadeira, pegando um lenço para poder chorar sem culpa. Estava no fundo do poço.

— Como ele já está com outra e eu ainda não encontrei ninguém?

Quem via aquela relação de fora não conseguia acreditar na situação. Uma mulher linda, bem-sucedida, chorando pelo término de um relacionamento que ela nem queria mais. Mas o que acontecia ali é que ela não estava chorando *por* ele, e sim *pelo* que ele a fazia sentir naquele instante. Ela sentia-se mal, porque a solidão era evidente, e comparava o processo do ex-marido com o seu próprio.

O fato é que, apesar de nossas sessões — nas quais eu insistia que ela evidenciasse tudo de que não gostava na relação e enxergasse o ex como ele era —, ainda assim ela buscava certa competição e precisava se envolver com alguém a todo custo, sem qualquer critério.

E qual foi o resultado disso?

Juliana encontrou um homem casado, daqueles que estão cansados do relacionamento atual e buscam um fogo, uma paixão nova para reanimar a própria vida. Foi assim que ela lidou com o término: se apaixonando perdidamente por um homem praticamente indisponível, para ficar à altura do ex, que estava com outra mulher.

Talvez você não saiba, mas é extremamente comum que o homem seja o primeiro a se relacionar com outra pessoa após um término. Isso acontece porque geralmente o homem entra em um processo de fuga. Homens tendem a evitar entrar em contato com seu lado emocional e isso dá a impressão de que eles superam términos com muito mais rapidez. Mas será mesmo que o homem supera o término mais rápido que a mulher? Quando um relacionamento heterossexual acaba, o cara muitas vezes passa a sair com amigos e logo pula em um novo relacionamento — é o tal processo de fuga que mencionei anteriormente. Assim, ele foge do seu emocional e a mulher acaba ficando com a impressão de que ele não está sofrendo: ele seguiu sua vida e só ela permanece na merda.

Ela começa seu processo de superação ao aguentar a dor. No entanto, muitas vezes é impedida de progredir porque o ex reaparece dizendo que está com saudade. Sabe por quê? Porque a fuga e a distração dele têm prazo de validade. Se o homem sair constantemente para beber com amigos e se divertir, em algum momento vai encarar um domingo vazio e dizer que está com saudade. Mas, na verdade, ele não sente falta da ex: está apenas sozinho e carente.

Sabe por que isso abala o processo de superação? Porque a mulher acredita que ele sente falta dela. E é por isso que vemos tantos casais com idas e vindas constantes. Porque, quando um está saindo do buraco, o outro vai lá e o puxa para dentro dele novamente.

Além desse vaivém com o ex, há outro método comumente usado por homens para lidar com a separação, que é emendar um relacionamento no outro. No entanto, note uma coisa: emendar um relacionamento no outro significa não lidar com o luto da relação.[1]

O processo do luto, assim como quando perdemos alguém que vem a falecer, inclui algumas etapas: a primeira delas é a negação, ou seja, quando a pessoa não se conforma que aquilo está acontecendo. A segunda é a raiva: quando você culpa o outro, ou até mesmo quando você se culpa pelos erros que cometeu ou por ter ficado tanto tempo na relação. A terceira é a barganha, na qual a pessoa se humilha e faz uma série de promessas que não poderá cumprir, geralmente perdendo até o respeito próprio. A quarta é a depressão situacional, quando se perde a esperança e se acredita que vai ficar sozinha para sempre. A quinta e última é a aceitação, em que a pessoa aceita que o relacionamento terminou. No entanto, quando estamos nesse processo, não conseguimos enxergar qualquer ponto positivo. Mesmo que estivesse em um relacionamento péssimo e degradante, a pessoa não consegue enxergar isso. Costumo dizer para minhas pacientes que, ao se fechar uma porta, abre-se outra ainda maior.

— É difícil você entender o que vou dizer agora — eu disse certa vez a uma paciente em prantos —, mas você vai experienciar o lado positivo desse término. Sabe o que significa esse clichê sobre a porta se abrir? Potencialidade. Sabe o que você vai ganhar? Tempo. Você agora tem liberdade.

Porque, quando estamos em um relacionamento, abdicamos de sonhos pessoais e individuais em prol dos planos do casal. Por outro lado, quando passamos por um término, ganhamos tempo para voltar aos sonhos que abandonamos. Muitas vezes não sabemos o que fazer com esse tempo e liberdade e começamos a sentir tédio. Poucos sabem ou estão habituados a ficar sozinhos e fazer coisas para si próprios. E o tédio é o maior inimigo da superação. Porque é ele que conduzirá seu pensamento para o ex. É no tédio que distorcemos a relação e entramos em um viés de retrospectiva positiva; ou seja, selecionamos somente as recordações positivas do relacionamento e abafamos as negativas.

Sim, na maior parte das vezes, o pensamento fica distorcido e só relembramos as lembranças boas. Você sabe disso. Que atire a primeira pedra quem nunca levou um fora e ficou chorando por horas ouvindo uma música de sofrência pesada para afogar as mágoas pensando no príncipe encantado que perdeu.

Buscamos mecanismos para aliviar nosso sofrimento ao lembrar dessas partes boas. Ficar pensando nas partes ruins só gera mais sofrimento. Então, fazemos isso inconscientemente, para nos afastarmos do desprazer e nos aproximarmos do prazer. O grande problema é que, ao fazer isso, voltamos mentalmente à relação, alimentando a esperança de que iremos reatar com a pessoa. Só que vamos combinar — e seja sincera consigo mesma: você era feliz naquela relação? Na maioria das vezes, os momentos ruins superam os positivos. Mas o que acontece em um término de relacionamento? Vamos explorar esse assunto a seguir.

Suponhamos que uma pessoa termine com a outra. Raramente isso é feito a partir de um consenso. Na maioria das vezes, apenas uma pessoa toma a decisão. Quem é "terminada" — ou "exterminada", como se diz por aí — costuma sofrer muito mais do que a pessoa que terminou. Em primeiro lugar, porque temos a impressão de que a conclusão do relacionamento aconteceu "do nada". Eis o primeiro equívoco a respeito de um término: a relação nunca termina "do nada".

Na maioria dos casos, não é por impulso que a pessoa decide terminar. O que acontece, conforme reparo nos meus atendimentos, é que as queixas são colocadas para fora em várias conversas, mas a outra pessoa não dá importância ou não está disposta a mudar e, portanto, as ignora. Assim, as reclamações vão se acumulando e se tornam ressentimentos. Há casos, inclusive, em que as queixas nem são colocadas para fora. Esse processo é descrito pelo psicólogo John Gottman como a "cascata da insatisfação",[2] como uma correnteza que só fica mais forte. Por exemplo, quando um parceiro reclama que o outro está sempre no celular durante o jantar e o outro responde algo como: "Caramba, você está sempre reclamando de alguma coisa".

Além disso, como já observei diversas vezes, e conforme também foi descrito pela renomada antropóloga Helen Fisher,[3] quando uma pessoa decide terminar, é porque já pensou bastante sobre o assunto e tentou se abrir com o parceiro, ou então sofreu em silêncio por medo do confronto e de criar conflitos. Já escutei inúmeras vezes das minhas pacientes: "Não adianta falar, ele sempre entra na defensiva e me ataca". Isso só reforça a importância da comunicação entre o casal e, principalmente, a habilidade de escuta. É uma qualidade rara hoje em dia.

Dessa forma, as queixas são negligenciadas dentro da relação. Para quem é rejeitado, nunca parecem grandes o suficiente. Todavia, para o outro, são grandes o suficiente. E quando o outro termina, ficamos com a impressão de que aconteceu do nada. É claro que há casos em que a pessoa não externaliza nem se comunica e simplesmente decide terminar, apenas emitindo o comunicado, tal qual um síndico de prédio sinaliza uma deliberação para os condôminos. Mas isso não é tão comum. Sempre tem sinais.

Tudo bem, eu entendo: é difícil captar esses indícios, principalmente quando estamos apaixonados. Porque não damos relevância a eles. "Mas você vai terminar por causa disso?" Desmerecemos a queixa do outro. Ao clinicar, tento trazer para minhas pacientes a lente da objetividade. Elas precisam fazer uma análise objetiva e racional da relação e enxergar os momentos bons e ruins sem distorção.

Quando ocorre um término, muitas pessoas acreditam que perderam o amor de sua vida e, sob essa lógica, não sentirão mais esse amor por ninguém. A sentença de "amor da vida" coloca a pessoa em uma crença de que encontrará insatisfação eterna em qualquer outro relacionamento que venha a ter, já que o elo com o amor da sua vida não existe mais.

Mas quer saber de uma coisa? Não existe "o amor de sua vida". Existe "o amor daquela fase da sua vida". Porque essa história de amor da vida vem muito da crença da alma gêmea, que é uma visão hiper-romantizada do amor. Essa crença é evidenciada nos filmes, séries e livros em que encontramos duas pessoas feitas uma para a outra, predestinadas a ficarem juntas.

O maior problema é que essa visão hiper-romantizada pode levar a distorções perigosas, como a ideia de que a outra pessoa precisa se encaixar no exato molde que idealizamos. E por falar em distorção, certa vez recebi uma paciente chamada Helena. Ela estava obcecada pelo ex, com quem tinha sido casada durante quinze anos. Durante esse período, Helena o mudou por completo: controlava com quem ele se relacionava, onde trabalhava, a roupa com que se vestia, com quem fechava contrato. Ela o moldava de acordo com seus próprios desígnios.

Só que o marido não era de fato a projeção que Helena fazia dele, apenas se moldava aos seus desejos porque tinha ganhos com isso ou porque não gostava do que acontecia quando a desagradava. Ambiciosa e bem relacionada, porém com uma obsessão por controle, ela agiu assim o máximo que pôde. Em determinado momento, o marido se rebelou e terminou com ela. Mesmo sem estar feliz na relação, porque já tinha enxergado que ele não era exatamente o cara que ela desejava, Helena ficou em um limbo, porque ele simplesmente a substituiu por outra que o aceitava exatamente do jeito que ele era.

Aqui abro um parêntese muito interessante: embora a essência dele não fosse boa, era isso que ela sempre quis extrair dele. Mas a outra mulher o aceitava com suas sombras e seus defeitos. Tudo que Helena tentava esconder, ele colocava para fora como se finalmente estivesse liberto e não fosse mais um fantoche. A aceitação

45

desse homem pela nova companheira foi importante no relacionamento, porque ele se sentia validado, mesmo que seus valores não o caracterizassem como alguém legal. Mas, para Helena, isso virou um problema, pois ela começou a buscar homens aleatórios e egocêntricos, e tentava montar com eles um ideal de "casal perfeito". O pior é que ela sustentava essa mentira, pois sentia que era mais importante ser vista pelos outros como parte de um bom relacionamento do que, de fato, ter um bom relacionamento.

Apaixonada por um novo homem, ela tentava domar o sujeito, tal como havia feito com o ex-marido. Foi na terapia que descobrimos esse padrão. Daquela vez, Helena tinha elegido um sujeito que não correspondia nem um pouco àquilo que ela almejava para si mesma. Como tinha crescido com o papel de cuidadora, em que assumia as responsabilidades de quem resolvia os problemas da família, essa experiência gerava nela uma espécie de controle. Assim, Helena tentava controlar tudo e minimizar a possibilidade de problemas. Só que o fazia sempre controlando o outro. Ou seja: ela tinha levado o papel de cuidadora ao extremo e achava que sabia o que era melhor para todos.

Na percepção dela, estava cuidando melhor desses homens e trazendo à tona a parte boa deles. Mas não percebia que os estava mudando em benefício próprio. Aos poucos, eu lhe trouxe a lucidez dos aspectos desse novo companheiro. Meu objetivo era que a paciente parasse de idealizá-lo, pois sua tendência era ver apenas aquilo que ela queria ver.

Ao começarmos a tirar o véu da idealização, ela de fato começou a enxergar o outro, e ver os lados positivos e negativos dele. Como fizemos isso? Pedi que me contasse sobre ele e sobre suas qualidades. Depois pedi exemplos de comportamentos que demonstrassem essas qualidades. Foi nesse momento que a idealização se evidenciou: porque, ao não encontrar situações ou comportamentos que representam as qualidades sobre as quais ela argumentou, ficou nítido que o homem não era a pessoa que ela pensava que fosse. Ela projetou sua idealização nele.

E assim prosseguimos com as sessões. Se ela alegava que ele era atencioso com ela, eu questionava:

— Mas quando vocês saíram, você pegou um táxi e ele não te mandou nenhuma mensagem perguntando se chegou em casa. Você ficou chateada com a falta de atenção e cuidado dele, mas agora está me dizendo que ele é atencioso?

A intenção era questionar a imagem criada por ela sobre o novo namorado. E, ao fazê-lo, ela foi tirando o véu da idealização e trouxe para mim as verdadeiras características da outra pessoa. Nesses casos, uso o histórico de comportamentos para averiguar se temos inconsistência. Através do questionamento, verificamos se a imagem que ela criou da pessoa correspondia com a realidade.

Segui questionando se havia evidência e fundamento na forma como ela enxergava o homem. Isso gerou uma **DISSONÂNCIA COGNITIVA** — que é quando o seu pensamento ou crença não reflete a realidade. O que provoca um incômodo capaz de suscitar duas atitudes possíveis: ou ela se dá conta da situação e pondera "como não percebi isso antes?", ou se fecha e se nega a acreditar.

O que aconteceu em seguida? Ela se desencantou. Porque conseguiu enxergar a pessoa que ele era de verdade, não a idealização dele como homem. Mas isso teve um custo: a raiva que sentia de si mesma por não ter enxergado as atitudes que manteve por anos.

> **DISSONÂNCIA COGNITIVA**
> Conflito que sentimos quando temos duas crenças contraditórias. Nesse caso, temos dois caminhos: negar a crença contraditória para mantermos a coerência naquilo que já acreditamos, ou aceitar a nova crença e mudar a que tínhamos. Nos relacionamentos, podemos observar isso quando a pessoa está em uma relação ruim e pensa "ele vai mudar" ou "não é tão ruim assim, todo relacionamento tem problemas". Essas justificativas amenizam a sensação de incoerência entre o que a pessoa acredita (que merece alguém melhor) e o que realmente tem.

Tive uma paciente que estava namorando um homem cujo diagnóstico possível era transtorno de personalidade borderline. O nome dela era Luísa. Ela tentava de todas as maneiras racionalizar as atitudes dele, ou seja, justificá-las e eximi-lo de seu próprio comportamento. Para ela, as atitudes dele, como explosões emocionais, manipulação, ciúme excessivo, brigas sem sentido, eram causadas exclusivamente pelo seu transtorno. Luísa acreditava que, por ele ter esse diagnóstico, as atitudes não eram intencionais e por isso sempre o perdoava, acreditando que estava sendo compreensiva. Mas o que ela não percebia era que ter um transtorno não isenta ninguém da responsabilidade por suas atitudes. Se a pessoa a trata mal, independentemente do motivo, ela tem que se responsabilizar e procurar ajuda. Mesmo assim, ela continuava racionalizando.

— Ele não é assim o tempo todo, só quando oscila — ela dizia.

Mas ele oscilava várias vezes ao longo do dia. Oscilava entre tratá-la bem e ser agressivo, tratando-a mal. Quando ele a tratava bem, estava tudo tranquilo, mas quando ele a tratava mal, era terrível.

Com esse tipo de paciente, preciso ser direto e dizer o que está acontecendo:

— Você está tentando se convencer de que é possível ter um relacionamento saudável com uma pessoa que, apesar de ter um transtorno delicado, não faz acompanhamento psicológico nem psiquiátrico. Pior ainda: é uma pessoa que acha que não precisa melhorar em nada, que o problema é você. Você está em um processo de autoenganação.

Luísa abaixou a cabeça e eu perguntei:

— Quantos anos ele tem? — Ele tinha 38 anos. — Independentemente de ele ter um diagnóstico ou uma patologia, esses comportamentos estão cristalizados. Quanto tempo você acha que vai demorar para ele mudar, *caso* ele opte por mudar?

O discurso de Luísa era de que ela estava conseguindo controlar a situação e que estava "por cima" dessa vez. Ela acreditava que o namorado se comprometeria a mudar para que os dois pudessem ficar juntos.

— Você cria a ilusão de que está no controle da situação, mas está submissa e à mercê dele. Como eu sei disso? Porque você queria ter uma conversa séria com ele sobre os maus-tratos e sobre buscar ajuda, mas ele se recusava, dizendo que não estava psicologicamente preparado. Ou seja: é ele quem decide quando e se vocês vão ter essa conversa.

Luísa sabia que existia a possibilidade de ele entrar na defensiva e não mudar. Ela estava em um limbo, sem qualquer controle da situação. E criava uma fantasia.

— Vou manipulá-lo — ela dizia.

— Está me dizendo que vai entrar no jogo da pessoa e a manipular? É uma armadilha. Na verdade, a melhor estratégia seria abandonar o jogo, pois é ele quem dá as cartas, e a casa sempre vence.

— Já terminei com ele duas vezes. Se quiser, eu termino de novo.

— E por que não termina agora, já que está no controle? — Ela ficou muda e gaguejou qualquer coisa que não pude entender nem fiz questão de perguntar. Gaguejadas de pacientes geralmente vêm acompanhadas de justificativas ruins ou racionalizações.

As pessoas ficam cegas e não veem que a melhor opção é cair fora de um relacionamento que não lhes faz bem e que não tem perspectivas de melhora, porque, para dar certo, ambos precisam assumir as responsabilidades por suas atitudes e estar dispostos a melhorar. O que mais vejo na terapia são psicólogos focando o problema errado. Se eu focasse em como ajudar a paciente a ter o controle da situação, como ela pretendia, eu estaria focando o problema errado e trazendo a solução para algo que não é o problema-raiz. Muitos psicólogos fazem isso: focam cegamente a demanda do paciente e o discurso dele. Entretanto, muitas vezes o paciente não sabe o que reside por trás daquilo, não tem consciência da raiz do problema. Por isso, sempre que um paciente me traz alguma demanda, fico me perguntando: "O que essa pessoa não está me contando?". Terapia é como descascar uma cebola: tem de ir se aprofundando cada vez mais até encontrar a verdadeira questão a ser solucionada (e chorando no processo).

Essa paciente contava a história que ela tinha criado. Ela afirmou que eu tinha uma postura enviesada, porque tinha me procurado no pior momento da relação, então eu só estava vendo o lado negativo sendo relatado. Respondi:

— Se você chegou a um ponto em que o outro te trata tão mal, os momentos bons não importam. Nenhum relacionamento saudável tem esses picos intensos de agressividade que você está vivenciando agora. E sobre eu estar enviesado pelos relatos dos comportamentos negativos do último mês, estou aqui consultando minhas anotações sobre como ele te trata há dois anos e, pelo que me contou, ele sempre teve esses picos. Então que tal nos basearmos no seu histórico e nos fatos, em vez de em uma esperança sem qualquer evidência de que possa se tornar realidade?

— Ué, mas as pessoas podem mudar. Você é psicólogo e deveria saber disso.

— Sim, e como psicólogo, sei que muitas pessoas dizem estar dispostas a mudar, mas sua intenção geralmente não vira realidade, porque mudar requer um esforço descomunal e contínuo, então elas desistem e se mantêm na zona de comodismo. No seu caso, ele nem disse que está disposto a mudar e, pior ainda, você nem sabe se ele acha que precisa mudar. Além disso, vou te falar algo de que você não vai gostar: um conjunto de comportamentos passados é um bom preditor de comportamentos futuros. Ou seja, sua relação com ele sempre foi assim, logo, a probabilidade de se repetir e continuar sendo assim é muito maior do que a sua esperança, sem evidências, de que vai mudar. Entendo que você queira se convencer disso, mas meu papel é te trazer para a realidade dos fatos. — Encerrei a sessão ali.

Eu sabia do risco de ela não voltar à terapia na semana seguinte. Porque, se ela voltasse para a próxima sessão, não poderia mais se autoenganar, pois sabia que eu não permitiria.

Por causa disso, algumas pacientes não retornam. Eu me torno o confronto com a realidade. Mas o papel do psicólogo também é esse. Corro o risco de a paciente abandonar a terapia, mas esse é o meu trabalho e dever como psicólogo.

O fato é que muitas pessoas querem se apaixonar pela paixão, não importa a pessoa que esteja na frente delas. Outro dia assisti à entrevista de um ator muito famoso por ter namorado várias atrizes. Nela, ele dizia que "o grande barato da vida é se apaixonar". No entanto, para ele não importava quem era a pessoa que estava ao seu lado, e sim a satisfação de um desejo próprio.

Mas será que a mulher consegue se sentir especial com um homem que deseja se apaixonar por qualquer pessoa? A princípio, temos de avaliar se a pessoa está, de fato, interessada em um "nós" na relação. Não é tão difícil discernir isso. Uma pergunta básica é: ele pergunta sobre você ou só fala de si? Você tem a impressão de que o conhece, embora ele não saiba nada sobre você?

Trocando em miúdos, a grande pergunta é: esse cara quer você ou apenas quer um relacionamento? Ou seja: qualquer pessoa serve para se encaixar nos planos dele? Aliás, essa é uma pergunta importante a fazer a si mesma também. A maioria das pessoas quer um relacionamento. Sabe aquela pessoa que diz "eu te amo" depois de uma semana? Essa pessoa não te ama, ela ama a projeção que fez de você. Como alguém pode amar o outro sem ao menos conhecê-lo?

Ouvi hoje uma frase: "Nossa, preciso muito namorar". E rebati imediatamente: "Que pena da pessoa que você encontrar para namorar". Porque aquela pessoa estava na missão de namorar, e não de encontrar alguém especial. A missão de namorar se sobressai ao fato de estar com alguém. Consigo entender isso, porque a euforia inicial de um relacionamento traz esse efeito. A sensação trazida pela liberação de dopamina, ocitocina e serotonina — esses neurotransmissores que nos fazem sentir bem e conectados — é muito parecida até com a euforia de usar drogas, como o álcool, por exemplo.

Não à toa, quando atendo uma pessoa que está tentando superar um término, costumo tratá-la como uma pessoa que está deixando uma substância que causa vício. Por isso, o contato zero é importantíssimo, assim como faríamos se fosse uma droga. Não existe essa coisa de ver fotos antigas, dar uma ligadinha ou somente querer saber como a outra pessoa está. Cruzar essa linha vai levar você a ir atrás da pessoa, mandar mensagens e retroceder no seu processo. É muito parecido com o mecanismo de se desintoxicar e entrar em abstinência. Porque muitas pessoas que não conseguem superar o fantasma do ex ficam obcecadas como se fosse uma droga.

O que você precisa entender: existe um processo de abstinência em que você precisa superar a dor e a ausência do que antes dava prazer. O adicto vai para a clínica a fim de se isolar de um contexto; na superação de um término, o princípio é o mesmo — nos isolarmos de tudo que é gatilho e eliminar tudo que está relacionado à pessoa. Assim, é possível se fortalecer e se inserir em novos contextos.

Apesar de não ser uma tarefa simples, devido às infinitas realidades que cada pessoa vive hoje em dia, o contato zero serve para eliminar estímulos que evocam a lembrança da pessoa, e era isso que a minha paciente precisava praticar. O estímulo pode ser um presente, uma simples caneca à mostra, e vai suscitar o gatilho e fazer a pessoa se relembrar da outra, entrando em uma espiral de pensamentos.

A hora do término é a hora de entrar no processo de abstinência, mas sei que há limitações para essa afirmação. Quando se tem filhos, por exemplo, não dá para agir assim à risca. Porque, quando o casal se separa com filhos, é preciso elaborar regras sobre esse contato, comunicando-se apenas sobre os assuntos específicos dos filhos, sem usar isso como justificativa para entrar em contato com o outro com uma intenção velada. Outro comportamento para se atentar é não fazer **ALIENAÇÃO PARENTAL**. Muitos casais o fazem sem perceber, não por maldade, mas porque estão machucados com o término e não percebem que usam os filhos como forma de atingir o outro. Acham que é seu dever mostrar aos filhos quem o pai ou a mãe realmente é.

> **ALIENAÇÃO PARENTAL**
> Ocorre quando um dos pais, ou ambos, tenta colocar a criança contra um dos genitores. Manipula, critica, mente e distorce os fatos para que a criança se afaste ou rejeite um dos pais. Outras vezes, dificulta a visitação e impede a relação. Esse comportamento tem um impacto emocional gravíssimo na criança, pois ela cresce com uma visão distorcida do pai ou da mãe que é dificílima de reverter. No Brasil, ela é legalmente reconhecida pela Lei nº 12.318/2010, garantindo o direito da criança de manter uma relação saudável com os pais.

Quando atendo alguém com essa missão, logo digo: tal percepção, verdadeira ou não, é sua. Deixe os seus filhos terem a deles, pois vão crescer e ver quem realmente são os pais. Essa desconstrução ocorre com todos nós. Sempre digo para pais que separação não traumatiza os filhos, quem se traumatiza são os pais, dependendo de como vão se portar nessa fase. Os filhos sofrem, mas, se houver amor e respeito, eles se adaptam.

O mais importante é saber que o foco tem de ser suportar a dor. Essa é a meta. Mas o automático é querer se livrar do sofrimento a todo custo. Não é assim que se supera um término.

Perceba que você não é responsável pela sua dor; no entanto, é responsável por decidir se vai perpetuá-la ou não. E, na maioria das vezes, esse sofrimento é perpetuado.

Muitas mulheres também acabam ficando traumatizadas e com medo de passar por aquilo novamente, porque carregam as cicatrizes daquilo que relembram. E se fecham aos novos relacionamentos com frases como: "Ninguém quer se relacionar", "As relações se tornaram líquidas". Quando vejo uma mulher dizendo "todo homem só quer sexo, ou todo homem trai", é porque ela já passou por uma relação em que foi traída e usa isso como justificativa para não se relacionar mais, pois esse é o maior medo dela. É compreensível, mas não é saudável pensar dessa forma.

Temos de entender que não existe apenas um tipo de homem e um tipo de mulher. Existem pluralidades. E essas pessoas precisam entender que, da mesma forma que elas são únicas, existem outras pessoas únicas. O próximo cara com quem você irá se relacionar não é seu ex, mesmo que tenhamos o padrão de nos relacionar com pessoas com as quais temos familiaridade.

Depois de nos frustrarmos, é natural que aumentemos os critérios de seleção, mas não coloque critérios tão altos que sejam inalcançáveis. Esse muro que construímos ao nosso redor precisa ter aberturas para outras pessoas passarem. Mas é claro: isso aprendemos mediante nossos erros, com términos de relacionamento que nos levam a entender aquilo que não admitimos mais em nossa vida. Todo término de relacionamento traz uma lição para o próximo.

O problema é quando copiamos e colamos os comportamentos, repetindo padrões. Por que fazemos isso? Porque temos medo do desconhecido e, por mais que a próxima pessoa venha com os mesmos defeitos, esses defeitos nos são familiares. Existe uma frase que diz: "É melhor o inferno conhecido do que o inferno desconhecido". É uma frase que vale para a vida, porque, apesar de terrível, nos faz pensar: por que evitamos tanto o desconhecido? As pessoas preferem um inferno conhecido e por isso permanecem durante anos em casamentos infelizes ou relações tóxicas.

O desconhecido é a coisa mais assustadora na vida da gente, porque a sua simbologia máxima é a morte. Não sabemos o que acontece do outro lado, e perceba como trazemos essa simbologia para a nossa vida. Preferimos a zona de familiaridade e, assim, continuamos no sofrimento. E vamos combinar? Se o ex está no inferno, é melhor superar aquele fantasma de uma vez por todas para dar espaço a um homem — ou quem sabe um anjo — em seu caminho, alguém que não suma, não a faça sofrer nem a deixe insegura. Amar é reciprocidade. Muitas pessoas pensam que amar é se sacrificar pelo outro, mas não é. Esse sacrifício só é necessário em uma relação desequilibrada na qual uma das partes luta pela relação, se sacrifica, e a outra não faz nada. Sacrifício é sinônimo de desequilíbrio. O que uma relação saudável e equilibrada tem é *investimento*. Com investimento de ambas as partes, o sacrifício não é necessário. Pense nisso.

3

COMPARAÇÕES IRREAIS, RELACIONAMENTOS IMPOSSÍVEIS

*"A vida dos outros parece perfeita,
mas entre quatro paredes a realidade é outra.
Te asseguro isso."*

— Thomas, eu a bloqueei.

Perguntei o motivo. A paciente estava agitada e visivelmente frustrada.

— Não aguento mais ver aquelas publicações...

Ela referia-se a uma amiga de anos, com quem não falava com frequência, mas cuja vida acompanhava através das redes sociais.

— A que tipo de publicações você se refere? — questionei, mesmo sabendo a resposta.

— Sabe, no fim do ano ela foi para Bora Bora com o marido... legal. Confesso que não gostei de ver aquela viagem. Fiquei com um pouco de inveja daquilo tudo que eles estavam vivendo, me perguntando por que algo assim nunca acontece comigo. Aí neste fim de semana eles comemoraram dez anos de casados e foram viajar. A relação deles parece de cinema. Não dou conta de ficar vendo essas publicações... Como certas pessoas conseguem relacionamentos assim e eu nunca consigo? Não tenho um amor romântico, nunca tive. Um cara que me amasse daquele jeito, que viajasse comigo pra celebrar... Eles comemoraram dez anos de casados e ainda assim parece que acabaram de se conhecer. As publicações dela sobre a relação estão me fazendo mal. Aí decidi silenciar, porque não estava mais aguentando comparar a minha vida à dela.

Ouvi aquele desabafo, que não era o primeiro nem seria o último. O ponto em comum em todos eles era que aquelas mulheres tinham coragem de se manifestar sobre o assunto. O fato é que vivemos em um parâmetro de comparação não só com a vida das outras pessoas, mas também com os relacionamentos das outras pessoas. Isso afeta a nossa saúde mental. Comparamos os nossos relacionamentos com o de outras pessoas nas redes sociais, sem perceber que as publicações são frações da vida de um casal.

— Acredita que o dia a dia deles seja sem brigas, que eles vivem uma lua de mel eterna? — perguntei.

Ela soltou o ar. Sabia que não. Já tinha saído com os dois e visto algumas brigas e desentendimentos.

— Então por que razão fica alimentando a fantasia de que eles têm uma vida perfeita, e você não?

Eu sabia bem do que estava falando. Estava acostumado a atender pacientes famosas que mostravam em suas redes 1% do que vivenciavam e levavam para as sessões situações que os seguidores jamais poderiam imaginar. A vida fora das redes é caótica, e essa parceria incondicional que acreditamos existir entre os casais acaba impedindo um discernimento entre realidade e encenação em rede social.

Isso é um desserviço, porque não vemos o relacionamento nu e cru como de fato é. Vou lhe contar uma coisa: se você passa pelo mesmo sofrimento por se comparar com quem vive compartilhando nas redes fotos de um amor romântico bem-sucedido, perceba que nenhum casal vive às mil maravilhas.

Sabe aquelas fotinhos de casais andando pela praia com uma mão esticada para trás e uma aliança no dedo? Aquilo muitas vezes é uma foto apenas de um momento que acaba logo depois que é postada. Tudo isso ocorre porque comparamos a nossa rotina com a dos influenciadores ou de quem quer mostrar aquele recorte de um momento feliz. Não há problema algum nisso, desde que você não caia naquela cilada e acabe querendo levar aquela vida. Porque confesse: assim como a minha paciente, você morre de inveja — e não de admiração — desses casais que parecem ter uma vida de conto de fadas.

Outro dia recebi mais uma paciente dizendo que não recebia mensagens do namorado e que a amiga sempre tinha declarações de amor públicas. Mas, peraí: o que importa é o que ele posta nas redes para todo mundo ver ou o que vocês vivem no dia a dia? Quem garante que as palavras ditas pelo namorado da amiga naquele post foram escritas sinceramente? Será que eles vivem a relação que postam?

O ideal perfeito inexistente causa uma angústia sem precedentes. E você tem justamente essa percepção contrária da rotina, como se os namorados alheios sempre admirassem as mulheres de um jeito bem mais amoroso que o seu namorado. Já vi pacientes em crise de ansiedade pré-datas comemorativas, como o Dia dos Namorados.

— Para mim, é um gatilho entrar nas redes sociais quando estou solteira e todo mundo está postando foto de amor comemorando a data — confessou uma mulher, certa vez, envergonhada.

Talvez você já saiba, mas quase tudo que vemos nas redes sociais de famosos é pensado meticulosa e estrategicamente. A felicidade vende, viagens incríveis vendem, casal perfeito vende... mas muitas vezes aquelas vidas são montadas. Um produto vendido para as pessoas. A gente quer aquilo que não pode ter. Queremos a fantasia. Mas o que será que está acontecendo atrás da foto do brinde? Será que cada um volta para seu celular e para de se falar durante o jantar?

Note uma coisa: a realidade está na rotina, nas brigas, nos momentos de tristeza, nas discussões, nas inseguranças e até na dúvida se você deve continuar naquele relacionamento ou não. Isso faz parte das relações. Todas as nossas emoções e sensações, que consideramos negativas, têm serventia, até aquelas mais incômodas.

A frustração ajuda você a entender qual é o seu limite e quando ele é invadido pelo outro, ou até quando o outro o invalida. A raiva demonstra que você tem algo a ser colocado para fora. Até a insegurança mostra o motivo da sua insatisfação, seja consigo mesma ou com o comportamento do outro. Muitas vezes vista como fraqueza, ela pode apontar exatamente para o que precisa ser trabalhado a fim de construir confiança e segurança no relacionamento. As insatisfações apontam para o que deve ser visto e resolvido.

Segundo os estudos do psicólogo Gottman,[1] as brigas e discussões são oportunidades para o casal alinhar ou realinhar expectativas que não estão sendo concretizadas ou que estão desalinhadas. Um dos maiores erros que vejo nos relacionamentos é a busca pela perfeição. As redes sociais, por exemplo, romantizam demais o amor, como se ele fosse algo pleno, sem conflitos, só momentos bons em praias paradisíacas e pedidos de casamento grandiosos.

Aliás, sobre esse assunto: há muitos anos fiz um curso de neuromarketing e o professor pediu para as alunas relatarem como havia sido o pedido de casamento delas. A primeira contou que estava em Bora Bora, naquelas palafitas maravilhosas, e quando mergulhou nas águas cristalinas, o namorado apontou para uma concha no fundo do mar. Ela pegou a concha, a abriu, e lá jazia um anel de noivado. A sala de aula ficou em completo silêncio e todas as outras pessoas ficaram sem graça em compartilhar seus pedidos de casamento.

Ressalto para você: relatos desse tipo não representam a realidade da maioria das pessoas, e esse é exatamente o problema, pois as exceções não refletem a realidade geral. Além disso, queremos o que os outros têm, sim, mas, mais do que isso, queremos o que os outros querem. Isso se chama teoria mimética, desenvolvida por René Girard. Segundo ele, desejamos o que os outros desejam. É como se nem nós soubéssemos o que queremos e todos copiam todos. Mas em momento algum refletimos sobre o que desejamos sem esses parâmetros de comparação.[2]

As mulheres que sofrem mais são aquelas que se comparam e desejam o que os outros casais aparentam ter. Sabe aquele vídeo do casal em uma cozinha de filme, em que os dois dançam e cozinham juntos? Isso não representa a totalidade do que acontece dentro do relacionamento. O pior de tudo é a sensação de insuficiência que isso gera em quem assiste a esses vídeos. É como se o seu relacionamento fosse medíocre porque você não tem nada daquilo. Como psicólogo, posso afirmar que esses recortes não representam nem de perto o que acontece dentro de casa quando as portas se fecham e ninguém está observando.

Se pararmos para analisar o cenário anterior à existência das redes sociais, havia os filmes que se tornaram uma referência de amor romântico. Quantas mulheres não sonhavam com Richard Gere esbarrando com elas na esquina, derramando uma xícara de café no colo delas e saindo para comprar uma blusa nova antes de viver um romance incrível? Quantas mulheres não criaram utopias por causa dos amores idealizados entre as princesas e os príncipes da Disney?

Mas no dia a dia é o cara sem educação que derrama café em você, mal pede desculpas e ainda assim você alimenta a ilusão de que um dia o príncipe encantado vai esbarrar em você na hora certa e no lugar certo. Essa romantização das relações amorosas faz as pessoas adoecerem, porque não é todo homem que tem o perfil de levar flores e abrir a porta em um primeiro encontro. Não é todo homem que se parece com aquele astro de cinema que faz você suspirar toda vez que assiste a determinado filme.

O problema da romantização é que ela é uma fantasia. Vivemos hoje a era dos "doramas", que são séries asiáticas, em grande parte representando romances à moda antiga. Os casais demoram para dar um beijo sequer, e as demonstrações de amor são intensas. Não tem nada de errado em assistir a esse tipo de série. Errado é manter esse prisma colorido e essa lente de arco-íris ao olhar para a vida real, desejando replicar os ideais de relacionamento representados em tais produções. Se assistir nos motivar a arranjar um parceiro ou parceira que nos trate melhor, ou seja, aumentar a nossa régua, isso é, de certa forma, algo positivo. O problema é deixar o desespero de viver um amor digno de filme baixar os nossos critérios e nos fazer aceitar qualquer coisa em nossa vida.

Quantas mulheres já vi perdidas por deixarem qualquer pessoa entrar em sua vida? Elas ficam frustradas porque nada daquilo que enxergavam como referência se tornava realidade. E acreditavam que era por causa da escolha do parceiro.

Pergunte a si mesma: as suas expectativas são reais?

Sempre gostei de me apaixonar, não tem sensação melhor no mundo. É a única área da vida que a gente gosta de perder o controle, mas perceba que a paixão não é duradoura. Inclusive, ela é um estado de demência do cérebro. É quando perdemos o equilíbrio entre razão e emoção e ficamos obcecados por alguém. Nesse momento, somos escravizados por nossos pensamentos, que só se voltam para a existência da referida pessoa. Quando não está junto dela, você sente sua falta, como se algo estivesse incompleto em você.

Quando a pessoa por quem você está apaixonado está longe, você tem crise de abstinência, não consegue parar de pensar nela e sente que nada mais faz sentido a não ser a dita-cuja. O problema da paixão é que você coloca a outra pessoa como única fonte de felicidade e prazer naquele momento da sua vida. Como se fosse uma tábua de salvação para a monotonia cotidiana.

Em uma entrevista, o apresentador Pedro Bial argumentou que, antes de entrarmos em um relacionamento, deveríamos apresentar nosso laudo psiquiátrico para que o outro saiba onde está pisando.[3] Por mais que seja uma brincadeira, essa atitude poderia evitar muitas quebras de expectativa, porém também poderia resultar em mais prejulgamentos e preconceitos. Porque, como não sabemos onde estamos pisando, ficamos sem saber o que esperar do outro. Já vi pacientes com namorados bipolares que oscilavam entre ausência total do outro e momentos de euforia e sexo selvagem. As pacientes ficavam sem entender que o problema não era com elas, e sim com o estado de saúde mental do indivíduo com quem se relacionavam.

Tive uma paciente que acreditava que o namorado era o melhor fotógrafo do mundo e enaltecia isso nele. O namorado começou a aprimorar suas técnicas de fotografia e melhorou nessa arte. E aí está a diferença entre mudança e transformação. Na mudança, você incentiva a outra pessoa a se desenvolver no que ela deseja. Na transformação, você tenta mudar o outro a seu bel-prazer, para satisfazer os próprios desejos. Muitas vezes, a outra pessoa permite isso porque quer agradar, ou pior, não quer desagradar.

Como mencionado, a realidade humana nua e crua é cheia de erros, altos e baixos. E as redes sociais são uma plataforma de julgamento onde dizemos que quem trai é mau caráter, assim como determinamos quem é bonzinho e quem é vilão. Adoramos assistir à vida dos outros tal qual um filme e nos deliciamos no papel de críticos. Criamos uma fantasia em torno dos casais que seguimos nas redes sociais e não admitimos que lhes aconteça algo. Quase os santificamos como seres a serem idolatrados. Por isso os escândalos de traições chocam tanto: porque criamos essa ilusão do casal perfeito.

Tem uma frase na psicologia que é uma grande verdade: "Queremos aquilo que não temos certeza de que podemos ter". Isso vale para as relações de redes sociais e para aquela pessoa que não temos certeza se um dia estará ao nosso lado.

É por isso que muitas pessoas, quando estão conhecendo outra, fazem uma agenda para se ver todo fim de semana, muito precocemente. Só que a dinâmica se torna tão segura, tão rapidamente, que muitos perdem o interesse. Mas isso só acontece no início, quando você percebe um descompasso entre a velocidade de ambos, ou seja, uma parte caminha, enquanto a outra acelera já na quinta marcha.

Isso não é o que seu cérebro quer. Porque nosso cérebro cria uma expectativa de recompensa. A neurociência da atração é assim: quando você conhece uma pessoa e sai com ela, libera dopamina, um neurotransmissor associado ao prazer e à recompensa. Durante a semana, você fica na expectativa de ele convidar você para sair no fim de semana. O que acontece, então? A dopamina, que é liberada na recompensa, passa a ser liberada na expectativa da recompensa. Calma, vou explicar a relevância disso.

Qual é o principal papel da dopamina? Não é prazer. É motivação. E o que é motivação? Sentir vontade de ir atrás da recompensa, que é aquele cara. A expectativa de "conseguir" o cara é o que a move até ele, só que o fator mais importante é a imprevisibilidade da recompensa — ou seja, as situações em que você não sabe quando o cara vai chamá-la para sair. Eu sei, parece loucura e papo de cientista, mas é verdade e se trata de um fenômeno muito estudado.[4]

Em um relacionamento de longo prazo, temos previsibilidade, que é o oposto do que acontece na fase da paixão. Ou seja, a dopamina está mais ligada à fase da paixão — e, para a paixão durar, a imprevisibilidade se revela como um fator necessário, porque é assim que a dopamina é liberada, fazendo você ficar obcecada por ele. A partir do momento em que migramos para o amor, os neurotransmissores mudam, passam a ser serotonina e ocitocina, que são ligados à conexão e ao vínculo. Mas muitas pessoas buscam se manter na paixão eternamente, e isso é impossível e exaustivo. Nenhuma pessoa aguentaria passar a vida inteira com inconstância e imprevisibilidade, porque é um estado interminável de insegurança e ansiedade, concorda?

Os casais das redes sociais são a simbologia do amor romântico. E por que ficamos incomodados quando eles terminam? Porque vemos que aquilo não era real, e sim uma fantasia, um ideal perfeito inexistente e inalcançável. Aí criticamos e mudamos o foco para outro casal. O ciclo se repete. A gente quer acreditar no que a gente quer acreditar. Simples assim.

4

QUAIS SÃO SUAS CRENÇAS?

> "Questione suas crenças,
> porque elas nem são suas."

"Todo homem trai, toda mulher é interesseira, todo gay é promíscuo."

Você já deve ter ouvido essas frases ao longo da sua vida. São crenças que se propagam ao vento e fazem com que muitas pessoas tenham preconceitos que as limitam no viver. Um dos riscos de colocar todas as pessoas de determinado gênero, raça ou orientação sexual na mesma caixa, generalizando-as, é que fazer isso gera entraves em sua vida, por mais que você não os perceba. Por exemplo: a maioria das pessoas que acreditam que "todo homem trai" são aquelas que tiveram algum tipo de experiência negativa relacionada à traição. Porque dentro do nosso círculo de amizades conhecemos vários homens que não traem — ou vai me dizer que todos os homens que você conhece têm propensão a trair?

Outra crença que atrapalha a vida de muita gente é a de que toda mãe solo busca um pai para os seus filhos. Eu mesmo já ouvi homens dizerem: "Maior B.O. assumir a mulher e os filhos dela", como se ela estivesse procurando um substituto para o pai das crianças. Tal preconceito vem da ignorância de não saber como funciona a dinâmica de uma mãe com filhos. O homem que fala esse tipo de coisa acredita que vai levar "o pacote completo". E até mesmo a sociedade reforça esse tipo de pensamento, conforme expresso na reação frequente quando um homem decide namorar uma mulher divorciada e com filhos: "Nossa, você assumiu ela e o filho?".

No meu consultório, algumas pacientes, inclusive, já relataram que, em aplicativos de namoro, percebiam que o papo esfriava quando revelavam que tinham filhos. Outras contam que os caras até sumiram. Esse tipo de crença está tão arraigado em determinados homens que nem se questionam se a criança já tem um pai e se eles estão vivenciando um delírio, porque, nesse caso, eles nem precisariam desempenhar esse papel.

Certa vez, ao participar de um podcast ao vivo, um homem mandou um comentário de que não queria se relacionar com uma mulher com filhos, e eu soltei:

— Essa criança tem pai, você não tem tanta relevância assim para assumir esse papel. Quem você acha que é?

Uma paciente, sabendo desse preconceito instalado na mente de alguns homens, decidiu fazer o teste e não contar que tinha filhos ao sair com novos parceiros. Ela percebeu claramente a diferença na abordagem. Outras usam a estratégia de triagem e passam a buscar apenas homens que tenham filhos, já que acreditam que eles podem entender melhor a dinâmica da vida de uma mãe separada do pai de seus filhos.

Esse tipo de generalização pode estar relacionado à crença do homem de que ele é o provedor e que, assim, ele vai precisar prover a mulher e também os filhos que não são dele. É um pensamento machista que não se sustenta, mas que muitos homens propagam.

Por outro lado, já tive um amigo que disse o seguinte:

— Preciso de uma mulher com filhos.

— Como assim? — perguntei.

Ele disse que precisava de uma pessoa que entendesse a dinâmica dele de pai.

— Minha filha vem em primeiro lugar e chega o fim de semana eu estou com ela. Preciso de alguém que entenda isso — completou.

Os preconceitos vêm de especulações sem evidências. Tenho amigos com filhos que imaginavam que não conseguiriam se relacionar novamente com outras mulheres porque imaginavam que, ao saberem que eles já tinham filhos, essas mulheres presumiriam que o novo parceiro não iria querer mais filhos em um novo relacionamento, ou seja, que não iria querer ter filhos com ela.

Isso tudo é um prejulgamento.

Crenças como essas fazem com que pessoas se percam em várias instâncias. Desde antes do início da relação até quando esse relacionamento está na fase final. Ou você nunca viu um casal que não se separa — mesmo vivendo uma relação destrutiva — porque acredita que "casamento é para sempre" ou que "o que Deus uniu, o homem não pode separar"?

Já atendi mulheres que, mesmo sofrendo violência doméstica por parte do marido, não se separavam por causa de crenças do tipo, e também porque achavam que estariam destruindo sua família. Mas, afinal, é saudável que os filhos vejam o pai desrespeitando a mãe? Que testemunhem a falta de conexão entre o casal? A falta de afeto? Vale lembrar que violência física é crime. Imagine só os filhos que, ao crescerem vendo esses comportamentos, passam a normalizar um ato criminoso.

O que sempre temos de nos questionar é se nossas crenças nos ajudam de algum modo ou não. Se a crença é que "casamento deve durar para sempre" e você se encontra infeliz em uma relação e pensa em terminar, a sua realidade e a sua crença geram um conflito interno gigantesco. "Talvez eu esteja sendo leviana ou egoísta ao pensar em terminar", foi o que já ouvi de algumas pessoas nessa situação.

Quando analisamos a situação de fora, percebemos que o casal está em profunda desconexão. Não transam mais, existe desrespeito, a mulher sente que pode ficar presa para sempre naquela relação, mesmo que lhe traga infelicidade. É o que chamo de "sentença de infidelidade", que é quando a mulher está infeliz na relação sem nenhuma perspectiva de melhora, fadada a ser infeliz para sempre.

Diante de pacientes com esse perfil, eu questiono: "Como é o casamento dos seus pais?", ao que elas respondem: "Sempre teve muita traição, mas minha mãe sempre o perdoou". E eu digo:

— Esse é o preço de você seguir cegamente uma crença e se submeter a comportamentos que seriam evitados caso você a questionasse.

Questionar a crença é essencial.

Ela lhe serve ou é um desserviço para você?

E é esse ponto que as pessoas têm mais dificuldade para entender: as crenças não são leis. Muitas vezes, a gente segue as crenças dos nossos pais e da sociedade como se fossem algo inviolável. E quando nos vemos nos pontos em que as questionamos, nos sentimos como se estivéssemos fazendo alguma coisa errada.

Pode reparar: uma das crenças mais comuns que conhecemos (e que até já exploramos aqui) é a de que "o homem deve ser o provedor e a mulher deve cuidar dos filhos". Há duas gerações, ela era quase uma regra a ser seguida, e ai de quem a desafiasse! Ela era tão absoluta nos relacionamentos que, depois que algumas mulheres começaram a trabalhar fora ou se tornaram provedoras, o conflito social se iniciou. Embora seja uma possibilidade de escolha da mulher, muitos homens ainda não apoiam essa decisão, seja por machismo ou até mesmo por controle e insegurança.

O fato é que os acordos devem ser feitos entre o casal. Não existe certo e errado se os dois toparem. Desde a hipótese de o homem ser o provedor, ou de a mulher ser a provedora e o homem ficar em casa. É possível desconstruir totalmente uma crença que não tem serventia para você. Perceba que, se houver respeito mútuo e for pré-acordado pelo casal, o que acontece entre quatro paredes diz respeito única e exclusivamente ao casal.

Só que vivemos constantemente nesse parâmetro de comparação. Ouvimos as crenças das outras pessoas. Quem diz que "casais com filhos não se separam", acreditando que não vai dar uma vida estruturada para a criança, não se questiona nem percebe que está montando um ambiente artificial em vez de se separar, buscar a própria felicidade e construir outros núcleos familiares. Além disso, os filhos crescem, percebem a dinâmica dos pais e se dão conta da falta de afeto, das brigas e do desrespeito entre eles, e passam a introjetar aquilo como modelo a ser replicado.

Já atendi uma mulher que tinha a crença de que casamento era para sempre. Fui questionando a crença dela até descobrir o porquê de ela acreditar nisso. Não era por cunho religioso, e sim porque os pais eram casados e tinham enfrentado todos os desafios juntos e permanecido casados.

— E quem disse que eles são felizes? — perguntei.

Ela ficou calada. Então perguntei se ela acreditava que deveria continuar em um casamento, mesmo estando infeliz. Se era saudável criar uma família na qual não só ela e o marido seriam infelizes, mas também os filhos, por repararem a infelicidade dos pais.

Além dos casais que não querem desmanchar seus castelos de areia por causa dos filhos, existem crenças que vão na contramão disso. A crença de que "toda mulher quer ter filhos" motiva muitas pessoas que já são pais a evitarem relacionamentos com mulheres que ainda não engravidaram. Obviamente, não é verdade que toda mulher quer ser mãe. Eu mesmo tenho pacientes que nunca quiseram filhos porque amam a liberdade e a individualidade que conquistaram. Além disso, muitas delas renunciam à maternidade em razão da carreira.

A verdade é que você deve conduzir a vida de acordo com o que considera melhor para si mesma. E faz parte disso observar se as crenças são realmente suas ou aprendidas na sua família ou na sociedade. Também faz parte desse processo questionar o que você acredita o tempo inteiro.

Também vejo muito por aí a crença de que a mulher, depois dos quarenta anos, está velha. E que os homens as descartam pelas novinhas. Veja bem: muitas vezes isso é uma realidade, sim. Homens superficiais só querem "novinhas". E por que esse cara quer uma mulher muito jovem? Por inúmeras razões. Pode ser devido a questões de aparência, ou porque a pessoa mais nova talvez seja mais propensa a ser submissa e mais fácil de controlar, ou por imaturidade do homem, por questões relacionadas ao estilo de vida de cada um — por exemplo, um cara com quarenta anos ou mais que ainda gosta de sair para noitada e ter uma vida boêmia —, os motivos são tantos. Certa vez, um conhecido (com o qual acabei cortando relação por motivos óbvios) me contou que namorava uma menina quinze anos mais jovem. O motivo? Ele gostava de moldá-la como bem entendia, tanto no sexo, quanto nas regras da relação — ou seja, ele dosava a liberdade dela, fosse trabalhar (não podia), sair ou treinar fora de casa.

Quando recebo a pergunta de um homem através das redes sociais: "Thomas, sou homem, tenho quarenta anos e estou com uma mulher de vinte anos. Você acha que a diferença de idade dificulta nossa relação?", minha resposta é não, não acho que seja a diferença de idade que dificulta a relação. O que dificulta é a maturidade psicológica. O papo com uma menina de vinte anos é diferente do que você vai ter com uma mulher de quarenta. Outra questão se refere aos momentos de vida. Porque, em sua grande maioria, as garotas de vinte anos querem sair e se divertir. E boa parte dos caras de quarenta anos querem um vinhozinho, viajar para a serra, estar com os amigos.

Não importa a idade. O que importa é o momento de vida de cada um.

Por outro lado, também já atendi uma mulher de cinquenta anos que estava saindo com um rapaz de 28 anos. Ela perguntou se eu acreditava que iria dar certo.

— Você gosta de bater papo? Gosta de conversas profundas? — perguntei.

— Gosto — ela respondeu de imediato.

— Você tem isso com ele? — rebati.

— Não, com ele, não... — ela sussurrou, envergonhada.

— Vocês conversam sobre amenidades. É isso que você deseja? Ou prefere ter uma conversa estimulante com a outra pessoa?

Na maioria das vezes, ela não quer isso. Quer apenas o sexo, e não conversas profundas. Só que aquilo vinha muito da decepção que ela tinha com as pessoas da sua idade, que não queriam um relacionamento sério. Muitos homens dessa faixa etária regridem na maturidade e querem viver novamente os tempos de azaração que perderam quando estavam casados.

Também existe uma crença que normaliza a insatisfação sexual, como se fosse impossível ter um parceiro com todos os atributos desejados. Por outro lado, muitas vezes quando a mulher sabe o que gosta na cama, o homem se sente intimidado, com a crença de que ela é "rodada", como se a experiência significasse necessariamente que ela teve muitos parceiros sexuais. E mesmo que tivesse, qual seria o peso disso, já que ele também pode ter tido muitas parceiras? Já vi amigos meus deixarem de ficar com uma mulher apenas por saberem que ela já havia se relacionado sexualmente com outros amigos deles. Mas isso não tem lógica.

Certa vez uma namorada me perguntou:

— Com quantas mulheres você já dormiu?

Eu pensei e respondi:

— Não pergunte aquilo para o que você não está preparada para escutar a resposta.

Uso muito essa frase quando atendo uma pessoa ciumenta. Porque isso não determina o valor da outra pessoa, e sim o tamanho de um preconceito ou o tamanho do seu ciúme. Estou cansado de ler comentários nas redes sociais de homens *red pill* que repetem, como papagaios, frases clichês como: "Se passado não fosse importante, você não veria a quilometragem de um carro antes de comprar". Acho impressionante a baixa capacidade desses homens de perceber a objetificação nos seus discursos.

Outra crença comum entre os homens é que a mulher que carrega camisinha na bolsa é promíscua, pois ela já sai com a intenção de transar. Também já atendi uma paciente que, certa vez, estava saindo com um cara e levou um líquido saborizado para o sexo oral, a fim de fazer uma surpresa para o cara. Mas ficou constrangida na hora de usar, com medo do que ele ia pensar sobre ela.

É uma crença bem comum que a mulher não deve carregar ou ter objetos sexuais. Tenho amigos, inclusive, que não permitem que a namorada tenha um vibrador. Como se pudessem ser substituídos por ele.

Outra crença que ouço muito é que só pessoas desesperadas usam aplicativos de relacionamento. Conheço uma mulher de 75 anos que usou uma dessas plataformas e ali encontrou um homem que virou um grande parceiro para aproveitar sua fase atual de vida. Era isso que ela buscava, e não uma relação casual. Conto isso para ressaltar que, em aplicativos, há pessoas com os mesmos interesses que você, sejam eles quais forem. Mas, como tudo na vida, para encontrar a pessoa em questão é necessário ter paciência, resiliência diante de frustrações e saber peneirar. A principal diferença dos aplicativos de relacionamento para o mundo off-line é que neste as pessoas estão dispersas e, no on-line, elas estão ali agrupadas e catalogadas.

Ultimamente tenho visto uma métrica de vaidade entre as pessoas que dizem "mas eu não uso aplicativo...", como se esse fato implicasse uma superioridade delas. O que o aplicativo oferece é uma possibilidade de triagem maior, só que as pessoas não sabem fazer essa seleção. No entanto, achar alguém bonitinho não deveria ser o único critério para sair com alguém. É preciso conversar com a pessoa, conhecê-la um pouco e entender mais as suas intenções. É até fácil descobrir. Se o cara fica fazendo gracinhas ou puxa conversas de cunho sexual já no início, você já sabe qual é a intenção dele.

A pior consequência dos aplicativos é única e exclusivamente que ele eliminou a percepção de rejeição. Porque, se você curte uma pessoa e ela não curte você de volta, você não recebeu uma negativa, apenas a ausência de resposta. E esse fato aumentou a quantidade de pessoas com sensibilidade a rejeições e que não conseguem lidar com elas.

Existem crenças relacionadas à rejeição que também partem de discursos antiquados.

Uma paciente certa vez relatou a mim que estava saindo com um cara. Um dia, quando estava em um samba, ela mandou uma mensagem para ele pedindo que fosse encontrá-la, mas ele não quis ir. Quando ela contou para sua mãe, ouviu a máxima: "Mas homem não gosta de mulher livre assim. Homem não gosta de mulher que o convida para sair". E ela reproduziu aquele discurso ali, diante de mim, como se fosse elaborado por ela. A paciente já tinha instaurado aquela crença em sua vida sem perceber.

Em sessão, muitas mulheres me perguntam isso: "Posso chamar o cara para sair?". Por que não poderia, se é o que você quer? E aí começam as crenças do tipo "homens não gostam de mulher que os chama para sair" e por aí adiante...

Por último — e não menos importante —, a crença que mais vejo ser falada pelas mulheres mundo afora é: "Não se pode transar no primeiro encontro".

A pergunta é: quem ditou essa regra? Ela serve para você?

E se você quiser transar? Vai deixar de fazer isso pelo medo de ser julgada? Se o cara julgar você por isso, fica mais do que claro que ele é um babaca. Ou, então, se ele sumir logo depois, demonstra que o interesse inicial dele sempre foi esse.

Mas é claro que não transar em um primeiro encontro tem pontos positivos também: dá mais tempo para o cara conhecê-la e se interessar por você. Porque, em um primeiro encontro, existe muita tensão sexual e segundas intenções, mas se você sai com a pessoa algumas vezes, oferece a oportunidade de a tensão sexual se fundir com a intimidade de já terem se conhecido um pouco mais. E sexo com intimidade costuma ser muito melhor. Mas, novamente, se você quiser sair e transar de primeira, faça isso. Você não deve nada a ninguém.

A partir de hoje, quando reproduzir qualquer uma dessas crenças — tenham elas sido mencionadas aqui ou não —, observe se elas fazem sentido em sua vida, se podem ser descartadas ou se você será eternamente engessada por elas. Crenças que engessam podem tornar sua vida uma grande prisão, cheia de regras estipuladas por outros. Não siga as regras ou crenças dos outros. Questione-as e crie as suas próprias. Viva de acordo com o que acredita ser melhor para si mesma.

5

BLOQUEIO EMOCIONAL

"Se fechar completamente é sinal de medo, decepção ou desesperança. Mas as pessoas são diferentes e nem todas vão te machucar."

Você provavelmente já conheceu alguém assim, que não queria se frustrar, passar por uma decepção amorosa e, consequentemente, sofrer. Por isso, essa pessoa criou um bloqueio que a fazia passar longe de qualquer possibilidade de vivenciar mais uma frustração e sofrimento. No entanto, quando ela criava esse bloqueio, também era impedida de se arriscar.

Muitas pessoas pensam que o bloqueio emocional aparentemente é algo positivo, já que evitarão o sofrimento posterior.

Mas não é.

Muita gente acredita que é uma simples defesa para não entrar mais em relacionamentos medíocres. Claro que, ao passar por um término em que a pessoa a decepciona ou até termina com você sem um motivo plausível, é normal ficar com o pé atrás de se abrir novamente. O sofrimento é tão intenso que se torna impossível cogitar a possibilidade de se relacionar com qualquer pessoa.

Só que o bloqueio emocional protege você de entrar em um novo relacionamento, algo que não precisa ser negativo. Esse bloqueio é uma estratégia usada pela mente, e aparentemente lhe defende de algo muito ruim, mas, na realidade, ele te impede de se reabrir para o amor e te freia por completo.

Claro que fazemos isso inconscientemente por causa de uma hipersensibilização.

Então, a paciente chega aos meus atendimentos com o famoso discurso de autossuficiência. Diz que está muito bem sozinha, que para tirá-la de sua solitude precisa valer muito a pena. Em partes, concordo com isso: precisa valer a pena. Muitas vezes, porém, a pessoa se esconde atrás desse argumento de autossuficiência para não se arriscar e entrar em um novo relacionamento.

Você quer identificar se o seu caso é de autossuficiência ou medo de se arriscar? Então a primeira pergunta que lhe faço é: você está aberta a um relacionamento?

Nos últimos meses, quantas pessoas a chamaram para sair e quantas vezes você de fato aceitou? Destas pessoas que a chamaram para sair — e você recusou —, quantas você julgou rápido demais como não sendo a pessoa certa para você?

Muitas pacientes costumam ter medo de se relacionar, mas usam o discurso da autossuficiência. Sabe por quê? Porque é difícil assumirmos o desejo de estar com alguém, porque temos medo de nos desapontar novamente. E aí está a importância de desenvolvermos resistência à frustração.

A dinâmica para encontrar uma pessoa com quem se possa ter um relacionamento é a seguinte: conhecemos alguém, investimos nele e nos decepcionamos, e isso acontece diversas vezes. Algumas pessoas decidem parar de tentar, porque já se frustraram várias vezes. Contudo, para encontrar alguém que vale a pena, precisamos passar por esse processo. Ou você desiste ou tenta até conseguir o que quer. Sempre brinco com minhas pacientes que, para conhecer uma pessoa que vale a pena, elas precisam passar por incontáveis que não valem. Mas isso não significa que você deva marcar dez encontros na mesma semana para apressar o processo. (Risos.)

Muitas nem saem com pretendentes, porque julgam que não são ideais para elas. São casos em que as mulheres colocam um muro tão alto de proteção ao redor de si que ele não só evita que elas se machuquem, mas também evita que qualquer pessoa o ultrapasse. Mas relacionamento é risco. E quanto maior a recompensa, maior o risco.

Então, esse é o movimento que essa pessoa faz: ou entra em fase de autossuficiência — que é positivo por si só, já que ela aprende a lidar com a própria companhia e a valorizar momentos de solitude — ou desenvolve um bloqueio emocional. A autossuficiência significa que só vamos deixar entrar em nossa vida quem agrega algo a ela. Ou seja: é através dela que sabemos o nosso valor e entendemos que não necessitamos de outra pessoa.

Uma paciente minha saiu com um homem que bebeu muito no primeiro encontro. Assustada com aquilo, já que um dos motivos que a fizeram se separar de seu ex-marido tinha sido justamente o alcoolismo, ela determinou que não sairia mais com aquele cara, porque ele parecia um alcoólatra. Decretando isso com um simples encontro, evitou conhecê-lo, pois fez um prejulgamento. Ela não sabia se o comportamento do homem tinha sido motivado por nervosismo com o encontro, e assim o categorizou como "homem que bebe muito" e eliminou a possibilidade de um segundo encontro em que constatasse se, de fato, era um homem com tendência frequente de se exceder na bebida.

Fazer isso com base em relacionamentos antigos pode tanto ser um aprendizado com erros anteriores quanto uma armadilha. É um mecanismo automático da nossa cabeça para evitar que repitamos aquela experiência negativa, só que esse mecanismo não tem serventia, porque pode fazer você "frear" antes da hora. Pode ter como resultado o fato de você evitar a socialização. E o que nosso cérebro quer? O cérebro busca coerência o tempo inteiro, então se você se depara com um cara que bebe muito ou que desaparece por horas sem dar notícias, você associa ao seu ex e diz "não quero isso para mim". E aí corre o risco de se fechar sem avaliar se de fato sua conclusão condiz com a realidade.

Quando saímos de relacionamentos que nos machucaram, começamos a buscar evidências em possíveis novos relacionamentos que indiquem algo errado, a fim de nos protegermos e não passarmos pelo sofrimento novamente — ou seja, buscamos informações que comprovem, inconscientemente, que aquela pessoa tem algum problema ou que é uma furada. Isso se chama viés de confirmação e foi popularizado em 1960 pelo psicólogo cognitivo Peter Wason.[1]

Uma paciente minha saiu de um relacionamento com um homem narcisista e, ao sair com um homem que falou um pouco mais sobre si, já o rotulou — "ele também deve ser narcisista" — e pulou fora. Mas não havia comprovação de que ele realmente era narcisista: o cara poderia ser simplesmente egocêntrico e gostar de falar de si, ou então estava nervoso querendo impressioná-la. E, assim, essa mulher já sai de cena, ou melhor, o tira de cena.

Conheço mulheres com aversão a homens de determinados signos, pois já viveram mais de um relacionamento com homens desse signo que as magoaram. Logo, elas fazem a sabatina inicial com os pretendentes e, quando detectam que o cara nasceu sob aquele signo solar, fogem sem dar satisfação. Isso é um processo de autossabotagem, mesmo que a mulher sinta que está protegendo a si mesma.

Na vida, precisamos ser resilientes — ou seja, precisamos saber que vamos levar tombos às vezes e, apesar disso, seremos capazes de nos levantar. Resiliência é compreender que a maioria dos relacionamentos gera frustrações e que, para alcançar o relacionamento almejado, via de regra, será preciso passar por uns cinco ou dez relacionamentos que irão acabar em algum momento — o que não significa, necessariamente, que "não deram certo".

— E aí? Vou ficar me decepcionando e perder minha autoestima e paz aos poucos? — Você pode estar se perguntando. E respondo:

— Se não for essa, qual é a alternativa?

O processo é sempre o mesmo: para saber se a relação "vai dar certo", você precisa entrar nela. E isso pode significar que você venha a se machucar. Mas isso não pode levá-la a se isolar do mundo, porque somos seres sociais. Para ter um relacionamento, não há como excluir os riscos, mas é possível mitigá-los. Por exemplo, ao conhecer uma pessoa, você pode ir se entregando a ela, aos poucos, com cautela. Isso não significa que você não irá se machucar, mas com certeza minimiza suas chances. Caso contrário, se ficar só no prejulgamento e com a guarda levantada, pode acabar enfatizando os lados negativos da pessoa e cair, assim, em um processo de autossabotagem.

O problema é justamente acreditar na narrativa que você conta para si mesma. O medo de voltar a se machucar é muito grande quando começamos novas relações. Principalmente porque no início dos encontros existe inconstância, insegurança e imprevisibilidade. O que muitas vezes esquecemos no começo de uma relação é que existem duas pessoas envolvidas. Se você está insegura e com receio de se machucar, o cara também pode estar. Ele não tem ideia do que você pensa sobre ele. "Será que se eu a chamar para sair no fim de semana, ela vai aceitar?", ele se pergunta muitas vezes.

Por isso, acredito e incentivo minhas pacientes a irem atrás do que querem quando se interessam por alguém. Se o cara ainda não a chamou para sair, pode ser que tenha interpretado que não está interessada ou que não "deu bola" para ele. Logo, assuma o controle e faça você o convite, ou então, sutilmente, pergunte: "Oi, tudo bem? Vai fazer alguma coisa interessante no fim de semana?".

Não se esqueça de que todos nós temos inseguranças e medo de nos machucar.

É claro que isso não é a certeza de que a outra pessoa irá aceitar o seu convite. Você pode estar se perguntando se sua autoestima não vai para o buraco caso seja rejeitada. Porém, você pode se dessensibilizar ao longo do tempo, conforme o número de rejeições for maior. A dessensibilização é uma técnica utilizada por psicólogos para ajudar as pessoas a superarem medos ou traumas através de exposição gradual e repetida. Ou seja: para lidar com a rejeição, temos de nos expor a ela, gradualmente — por exemplo: começar dizendo bom-dia para um estranho no elevador, depois puxar conversa com um vizinho do prédio, acostumar-se com a sensação e, mais adiante, puxar conversa com um estranho em uma loja, até se sentir mais preparada para conversar com a pessoa de seu interesse.

O problema é que temos o oposto da dessensibilização, que é a evitação. Essa situação acontece quando evitamos medos, como o da rejeição, consequentemente, fortalecendo-o e tornando-o mais assustador. Se você evita conversar com pessoas porque seu coração dispara e a ansiedade vai para as alturas, por exemplo, o que acontece é que a ansiedade e o medo ficam ainda maiores com o tempo.[2]

Quanto mais a gente se afasta daquilo de que temos medo, maior ele fica. Não temos opção a não ser enfrentar o risco da rejeição. Fazemos isso em todas as esferas da vida: no trabalho, quando não ganhamos uma promoção, sofremos uma demissão ou não passamos em um processo seletivo, por exemplo. Mas me diz: na vida profissional, você desiste? Apesar de haver, sim, pessoas que, por diversos motivos, acabam desistindo, a maioria não pode se dar ao privilégio de simplesmente jogar a toalha. Logo, a resposta mais intuitiva seria dizer: "claro que não!". Então por que seria diferente no amor?

Se você saiu duas vezes com um cara e foi rejeitada por ele, você pode se sentir dessa forma. No entanto, se analisarmos, a pessoa nem a conheceu de fato. Não é que você não tenha qualidades o suficiente. Essa pessoa fez um prejulgamento com base nas poucas informações que tinha sobre você, avaliou que você não tinha o que ela buscava — seja lá o que for — ou, então, o real intuito daquela pessoa era só sair para curtir mesmo. O problema nesses casos é levar a rejeição para o lado pessoal, como se ela implicasse ausência de qualidades suficientes, fazendo com que a outra pessoa não se interessasse por você.

Também precisamos aprender a lidar com a nossa frustração por vir de relacionamentos rasos que não se consolidam. Como quando a mulher sai com diversos caras por um tempo e nunca dá certo, gerando frustração. Frustração é essa constatação de que nada dá certo com base numa percepção da realidade. Ela ocorre quando não se alcança o objetivo desejado. Só que se essa mulher sai com diversos parceiros e nunca chega ao objetivo, ela tem duas formas de pensar: ou culpabiliza a todos e diz que ninguém quer nada sério, ou para e pensa "será que estou mirando em um homem errado, em um padrão de pessoa que não quer nada sério?".

O padrão de buscar parceiros emocionalmente indisponíveis é muito comum entre mulheres que se autossabotam para confirmar a crença de que ninguém quer nada sério.[3]

Analise o perfil dos homens com quem você está saindo. Observe se os homens que a atraem geram o resultado que você deseja. "Ah, então devo ir em direção a um cara que não me atrai?", você pode estar se perguntando. Não. Você deve equilibrar a balança.

Tenho uma paciente cujo padrão de relacionamento era composto de relações destrutivas e inconstantes com homens que a traíam. Hoje ela está saindo com um pretendente que quer namorar, apresentá-la para a família e aparentemente busca uma relação séria e sólida. Ela, por sua vez, alega que ele é muito monótono e sem graça, porque não experiencia com ele aquela montanha-russa emocional com a qual estava acostumada nos relacionamentos anteriores.

Ela acredita que terá uma relação morna. Logo, descarta esse homem, acreditando que não encontrará paixão na relação, sem nem cogitar que com ele pode construir estabilidade, valorizar sua saúde mental e obter paz. Ela associa "relacionamento seguro" a algo negativo e morno. Mas, a meu ver, há vários aspectos, muitos dos quais positivos, no relacionamento em questão que ela não está contabilizando.

A realidade é que a intensidade positiva — ou seja, paixão e atração avassaladoras — é a melhor sensação que existe, mas tudo que sobe tende a descer na mesma proporção. Na ciência, isso se chama homeostase. Quando há euforia, você tem um pico de liberação de dopamina, mas, para o organismo voltar ao equilíbrio, esse pico se inverte e você sofre uma queda na liberação na mesma proporção, por isso minha alusão à montanha-russa.

Mas, voltando ao bloqueio emocional, como a pessoa deve sair dele? Com calma. Diminuindo a velocidade. Conversando mais com a outra pessoa, criando conexão, levando mais tempo para conhecê-la, diminuindo a intensidade. Isso vai lhe dar a certeza de se vale a pena ou não investir naquela relação.

Geralmente, quebramos a cara quando investimos muito rápido em outra pessoa. Investir intensamente em alguém que você acabou de conhecer é um risco. E você pode se prevenir disso. A frustração é um susto, é a expectativa de que o cara pode desaparecer do nada. Você constrói uma expectativa mais realista quando desacelera, com base nos comportamentos dele e não tanto na sua idealização e expectativa.

E será que ainda existem homens que valem a pena? Claro que sim, mesmo sendo minoria. No entanto, tudo que vale a pena na vida exige calma e paciência. Agir por impulso e se jogar de cabeça precocemente é uma roleta-russa. Você pode acertar ou quebrar a cara. Aumente suas chances ao desacelerar e respeitar o seu tempo. Para que a pressa? Relacionamento é construção e, se você conhecer alguém que valha a pena, a jornada será longa.

Como sempre digo, você não controla o comportamento dos outros, mas controla o seu. Arrisque-se, porém com cautela. Porque a certeza de se ausentar de relacionamentos é a certeza de uma vida solitária.

6

DEPENDÊNCIA EMOCIONAL

> "Independência emocional é querer
> estar com o outro, mas sem necessitar.
> Você vem em primeiro lugar, e isso
> não é egoísmo, é amor-próprio."

Já dizia a cantora e poeta Marisa Monte: "Solidão é lava que cobre tudo".[1]

Ninguém precisa ser perito em solidão para saber que esse é um dos sentimentos que mais assola a humanidade atualmente. Com o advento da internet, a pandemia e o excesso de distrações, nos afastamos fisicamente uns dos outros, provocando um sintoma em uma sociedade solitária e desesperada por companhia, criando uma nova categoria de pessoas que lotam os consultórios de psicólogos: as pessoas com dependência emocional.

Para começar, o que é dependência emocional?

Embora nos últimos tempos o termo esteja na moda e todo mundo diga que é emocionalmente dependente, eu gostaria de esclarecer que não gosto de dizer que somos dependentes emocionais, porque não somos rochas — ou seja: não somos seres estáticos. Pelo contrário, estamos em constante processo de desenvolvimento.

Então, para qualquer pessoa que acredite ser dependente emocional, é necessário começar mudando as suas palavras. Você não *é* dependente, você *está* dependente emocional. Ser e estar são coisas distintas. Na primeira, você se identifica com algo que é (logo, não tem como mudar); na segunda, você caracteriza sua dependência como um estado que pode mudar.

Aí você pode estar se perguntando: "Mas em algum momento da nossa vida dependemos emocionalmente de alguém, Thomas?".

Sim, de fato. Na infância.

Certa vez, uma paciente me perguntou se estava tudo bem o fato de ela colocar a segurança psicológica dela nas mãos de outra pessoa, e eu respondi imediatamente que não.

— E se a outra pessoa for embora? Você perde a sua segurança psicológica — continuei. — Um fator comum é se tornar dependente do parceiro no decorrer de um longo relacionamento. Principalmente quando abrimos mão da individualidade e vivemos a vida para o outro, em vez de com o outro, sem sacrificar nossa individualidade.

Então, ela me perguntou:

— Quer dizer que, quanto mais tempo eu continuar casada com uma pessoa, mais dependente vou me tornar dela?

O fato é que isso só acontece quando se tem a crença de que as pessoas se fundem em um casamento. Perdem sua individualidade e se tornam *um só*. Quando existe essa fusão, você corre o risco de se tornar dependente do outro. Essa crença tem como base o cristianismo e os ensinamentos da Bíblia, mas interpretar esse conceito de forma rígida faz com que muitas pessoas fiquem expostas a um excesso de dependência. O conceito de "uma só carne" pode ser interpretado de forma menos rígida, simbolizando o nascimento de um novo elemento: o casal, mas sem desconsiderar que dentro do casal existem dois indivíduos. Essa nova interpretação indica que existe a formação de um vínculo profundo de parceria e compromisso, sem perder a individualidade de cada um. Eu vejo essa crença de fusão tendo uma consequência devastadora em pessoas que se divorciam, pois elas se sentem insuficientes, uma metade que foi abandonada pela outra, fadadas a serem incompletas para sempre.

Logo, a chave para a independência emocional seria não perder a individualidade dentro de uma relação.

Ela logo emendou:

— Mas isso é muito difícil quando se está em um relacionamento!

Sabe por que é difícil? Porque temos a tendência a ir para a dependência emocional, já que é cômodo para nós. No entanto, a dependência emocional é uma crença. Ela não é real, nem existe por si só. É a crença de que você necessita de outra pessoa. E o que acontece se você está sem aquela pessoa?

— Tenho a necessidade física de ter aquela pessoa do lado — ela me confessou.

Então, veio a constatação:

— Isso é solidão e dificuldade em ficar sozinha.

Em geral, quem sofre com solidão se torna dependente emocional. Ao mesmo tempo, algumas pessoas que não sofrem com solidão também podem se tornar dependentes emocionais.

Solidão é você não dar conta da própria companhia. É você esquecer que tem sua própria companhia e acreditar que necessita de um outro "corpo" ao seu lado.

Um dos maiores desafios durante uma separação é se habituar que não existe mais a presença física do outro. Por mais que o casamento estivesse ruim, você sente falta da outra pessoa. Não necessariamente da pessoa em si, e sim da presença física. Porque, sem ela, evidencia-se o que sempre esteve lá: a sua solidão.

Conheço uma pessoa que decidiu morar junto do namorado e ter filhos logo que perdeu uma pessoa querida. Ela queria cobrir um buraco, um vazio que sentia, e colocou todas as expectativas naquela pessoa com a qual passava a dividir sua vida. Aos poucos, porém, ela começou a enxergar quem aquela pessoa era de verdade — e não apenas a imagem que projetava sobre a pessoa — e viu que a relação tinha prazo de validade. Anos depois, mesmo vivendo em um casamento que não conseguia suportar, não conseguia se separar porque não imaginava como seria viver sozinha com a filha. Ao se separar, a solidão veio com tudo e ela tentou preenchê-la de todas as formas, inclusive fazendo uso de álcool todas as noites.

É muito clichê dizer isso, mas é verdadeira aquela frase: "Se você não consegue ficar satisfeito com sua própria companhia, como outra pessoa irá se satisfazer com ela?". As pessoas se desesperam com a solidão por não saberem que é apenas um estágio passageiro. Acreditam ser uma sentença e pode ser assustador pensar que você pode ficar sozinha pelo resto da vida.

E como lidar bem com a solitude? Tendo a opção de entrar nela, mas de sair também. Por exemplo, quando você decide ficar em casa, sozinha em um final de semana, mas sabe que, se quiser, pode ligar para uma amiga e encontrá-la a qualquer momento, isso faz com que a solidão se torne remediável, pois você pode escolher alternar entre momentos de isolamento e de interação social. Quando você tem essa opção, a solidão se torna solitude, um estado momentâneo de tranquilidade com sua própria companhia. No entanto, quando não temos ninguém, depositamos em outra pessoa não só a responsabilidade de nos tirar da solidão, mas também de dar sentido à nossa vida. É aí que nasce a dependência emocional.

Como disse anteriormente, até mesmo as pessoas que não têm problemas com a solidão podem se tornar dependentes emocionais, por causa da crença arraigada de que "duas pessoas se tornam uma só". De que um casal se funde e você passa a depender emocionalmente de outra pessoa. E por que eu chamo de crença? Porque não é real. Você não depende de ninguém. Você só acredita que depende.

— Mas, Thomas, eu preciso de uma pessoa comigo. Não consigo ficar sozinha! — já ouvi uma paciente dizer.

— Você se coloca numa posição de vulnerabilidade ao fazer isso. Porque não tem controle sobre a outra pessoa. De quando ela pode te abandonar.

E aí, o que fazemos? A pessoa vai embora e a substituímos.

Tenho uma paciente que dizia:

— Eu tenho tudo. Tenho dinheiro, carreira. Não quero ir para a Itália sozinha. Quero uma companhia. Não venha me dizer que eu tenho que aprender a lidar com a minha solitude. Quero alguém.

Respondi o que responderia a qualquer pessoa na mesma situação:

— Não vou te dizer para lidar com a sua solitude, mas vou te dizer o custo de pensar assim. É o seguinte. Você corre o risco de deixar qualquer um entrar na sua vida, porque a sua carência é tão grande que você vai baixar seus critérios, e isso vai cristalizar mais ainda sua dependência do outro. Com isso, vai perder mais ainda o controle da sua própria felicidade.

Ela estava voltando com o ex-namorado que pintou e bordou com ela, simplesmente porque não conseguia ficar só. Na lógica dela, melhor sofrer acompanhada do que sozinha. Mas ela não levava em consideração que o sofrimento acompanhado é uma sentença de infelicidade sem fim, enquanto sofrer sozinha é só uma fase, até você encontrar alguém que valha a pena. Mas isso só acontece quando você não tem esse desespero e pressa de encaixar qualquer pessoa na sua vida.

Há uns tempos circulou nas redes sociais um vídeo da atriz Marieta Severo dizendo uma frase fantástica de um autor desconhecido: "A gente não tem que ter medo de perder alguém. Na verdade, a gente tem que ter medo de se perder tentando fazer alguém ficar".

Já atendi muitas mulheres que perdoaram múltiplas traições, aceitaram desrespeitos e falta de companheirismo, e até dormiam em quartos separados só para manter a relação. Me perdoe, mas isso não é forma de levar a vida. É desperdiçá-la acreditando que dependem emocionalmente de outra pessoa.

Tive uma paciente que estava em uma relação em que tinha sido traída duas vezes. Para não ter de lidar com a situação, ela canalizou toda a atenção no trabalho. Os dois não transavam mais, e ela levava a vida dessa forma. Na terapia, falei que a situação dela não era sustentável a longo prazo. O que ela estava fazendo era evitar tomar uma decisão. Esse comportamento evitativo é clássico de algumas pessoas, porque ter uma conversa séria com o parceiro a obrigaria a se posicionar, mas ela ainda se negava a aceitar que o relacionamento já havia terminado.

E o que aconteceu? Como ela não perdoava a outra pessoa e também não saía da relação, ela foi perdendo a paciência com qualquer atitude que o parceiro tinha. Isso tornou ainda mais pesada a dinâmica em casa e, com isso, ela se afundou mais ainda em trabalho e em reuniões até tarde. Virou um ciclo vicioso: quanto mais tempo se passava, mais ela perdia a paciência com ele, mais pesado ficava o clima em casa e mais o foco no trabalho aumentava. A paciente demorou para se separar, mas conseguiu fazê-lo, por fim. O motivo de ter demorado era que o parceiro havia sido o único em sua vida.

Quando atendo mulheres com esse histórico, já sei que vai ser mais difícil para elas se separarem, porque não têm um parâmetro de referência que mostre que é possível superar e seguir a vida. Ou seja, pelo fato de não terem tido outros relacionamentos, passado por términos e se reerguido, elas não têm uma referência de que conseguem lidar com a separação.

Outro ponto que faz com que algumas mulheres demorem a tomar a decisão de se separar é o medo de ficarem sozinhas para sempre. E, mesmo quando elas colocam um fim na relação, sentem falta da outra pessoa. Mas, como vimos, na realidade, elas não estão sentindo falta da pessoa em si, e sim da companhia da outra pessoa. Estavam habituadas a acordar e ter o companheiro ali, e muitas vezes essa ausência traz uma sensação de vazio. Entretanto, se elas passarem por essa fase e não voltarem com o ex, entrarão na próxima fase: a da liberdade, de sentir que tiraram um peso enorme das costas.

É um desafio conseguir isso, é claro, porque muitas pessoas têm dificuldade de permanecer na própria companhia. Quando estamos sozinhos, temos de lidar com nossos pensamentos, nos enfrentar e lidar com algo que está cada vez mais raro: o tédio. Tem uma frase do filósofo Blaise Pascal que representa isso muito bem. Parafraseando-a: "A raiz da infelicidade está na inabilidade de as pessoas ficarem sozinhas em um quarto escuro com os próprios pensamentos".

Estamos o tempo todo preenchendo esse tempo com redes sociais e um sem-fim de produtos de entretenimento, como filmes, livros, séries, entre outras produções culturais. O ruim disso é que perdemos a capacidade de nos conhecermos e de nos desenvolvermos. Porque é no tédio e na solidão que temos o processo de reflexão.

Nós nos afastamos tanto do tédio que estamos perdendo a capacidade de refletir, de gerar insights e de crescer. Quando estamos ao lado de alguém, é um momento em que existe reflexão nas conversas. Você pensa, digere, fortalece suas opiniões ou as flexibiliza. Mas não precisamos depender de outra pessoa para fazer isso, porque, se pararmos para pensar, no fundo, não estamos sozinhos: há várias personas dentro de uma só. Então, sabe aquela história de conversar com si próprio? É isso. Tem várias perspectivas na nossa cabeça. A diferença é que precisamos lidar com um processo mental, conviver dentro da nossa cabeça, dado que ali não existe a percepção da presença física para fomentar a troca. E, sem a presença física a que estamos acostumados, podemos nos sentir sozinhos. Mas não precisamos ficar sozinhos o tempo todo, afinal.

Vou dar um exemplo meu: toda sexta-feira fico sozinho em casa. Não procuro programas ou lugares para sair. Fico sozinho, lendo ou vendo uma série. E não me desespero, porque sei que no sábado posso ligar para um amigo e sair para tomar um chope ou até fazer algo mais intenso como uma baladinha. Mas consigo fazer isso porque tenho a possibilidade de sair desse estágio de estar sozinho e encontrar outras pessoas. Esse é o maior segredo: a capacidade de transitar para fora da solidão e voltar para ela, passageiramente. Isso tranquiliza.

Mas entendo que muitas mulheres têm círculo social restrito. Algumas pacientes são separadas com filhos e não têm conexão com amigos, ficando sem saber o que fazer para se divertir. Uma delas disse com convicção: "Sou um pacote de solidão". E por que isso acontece? Porque ela está perdendo o controle da própria vida e colocando a cargo de outras pessoas sua única fonte de prazer e felicidade.

Desde crianças, temos muitos vínculos familiares ou na escola, onde é comum termos uma grande rede social. Conforme vamos envelhecendo, essas redes sociais vão diminuindo, já que cada pessoa segue sua vida e cria seus caminhos, ramificações e núcleos familiares. Então, qual é a tendência da vida? Ficamos cada vez mais sozinhos. Por isso, temos de aprender a ficar só. E como fazemos isso? A primeira coisa é entender que precisamos encontrar estímulos que nos tragam prazer, já que a solidão não está simplesmente vinculada às outras pessoas, e sim ao tédio de encontrar-se a sós.

Pergunte a si mesma: qual é o seu hobby? O que você gosta de fazer?

Gosta de dançar? Já pensou em se matricular em um curso de dança?

"Ah, mas será que isso vai resolver minha solidão?" Não, mas vai amenizá-la. Sabe por quê? Porque você está preenchendo seu tédio com algo construtivo e que lhe dá prazer, diferente de passar horas rolando o feed nas redes sociais ou abrir uma garrafa de vinho para tentar escapar desse vazio.

Ao escolher um hobby em que você terá contato com outros humanos, é possível que crie vínculos com outras pessoas. Isso não significa que você irá fazer amigos no primeiro curso ou atividade que começar. Mas o importante é se expor e se colocar em situações em que esses vínculos podem se desenvolver.

Além da aula de dança, você pode participar de grupos de leitura (o Samer Agi tem o Clube dos Pensadores), aprender uma nova língua em um curso presencial, fazer trabalho voluntário, viajar em grupo ou até mesmo frequentar eventos culturais. O foco é se colocar em ambientes que aumentem sua probabilidade de conhecer outras pessoas. Inclusive, dessa forma você passa a desenvolver sua independência emocional, pois deixa de colocar todas as suas expectativas em uma só pessoa e passa a diversificar suas fontes de conexão.

As pessoas dependentes emocionais dão o poder para o outro e se eximem completamente desse poder. É como apostar tudo na loteria. Nesse caso, em uma única pessoa.

Existe também uma dependência influenciada pela crença da "metade da laranja" ou "alma gêmea". Essa crença é tão forte na mentalidade coletiva que já atendi mulheres em relacionamentos abusivos, mas que não deixavam o companheiro porque eles alegavam que os dois eram almas gêmeas. Ao acreditar que seriam incompletas pelo resto da vida sem eles, as pacientes não conseguiam se desvincular da relação.

Qual é o grande risco de acreditar que você é metade e precisa encontrar a outra metade? É achar que você vai ser incompleta até achar essa pessoa. E se encontrar essa pessoa com quem se sente completa e ela terminar com você? Além de se sentir incompleta, você pode colocar uma sentença de que nunca mais será feliz em relacionamentos. Sabe por quê? Porque as próximas pessoas não são sua "alma gêmea". É uma sombra que carregamos quando ficamos comparando esses amores e não conseguimos mais ser felizes.

Além disso, existem dinâmicas disfuncionais que observo em relacionamentos românticos. A primeira dinâmica que eu gostaria de abordar é quando dois indivíduos são dependentes um do outro, criando um encaixe aparentemente perfeito, mas nesse caso ambos dependem e sobrecarregam um ao outro, geralmente se isolando de tudo e de todos, por acreditar que os dois se bastam, ou então possuem um "acordo" no qual um não sai sem o outro. O segundo modelo é quando existe uma pessoa codependente e uma dependente. Nesse caso, uma pessoa oferece e cuida muito, ao passo que a outra só recebe e suga tudo. Mas por que ela é codependente? Porque tem necessidade de que a outra pessoa dependa dela.

A grande pergunta que devemos nos fazer é: será que isso é amor ou dependência emocional? Muitos acreditam que estão com alguém por "carência". E é importante entender que carência é diferente de dependência emocional. Todo ser humano é carente e precisa de atenção e de outras pessoas em determinadas fases da vida. Somos seres sociais.

Pesquisas recentes apontam que 50% dos casamentos terminam em divórcio, logo não é erro algum afirmar que o "felizes para sempre" não acontece para todos os casais.[2] Mas, entre as pessoas que estão casadas, qual percentual se sente feliz na companhia da outra pessoa e quantas ainda se sentem felizes dentro do relacionamento? Já parou para se perguntar?

A pior crença que você pode ter é a de que deve ficar com a mesma pessoa pelo resto da vida, sem levar em conta as variáveis. Por exemplo: você é feliz nessa relação? Você tem companheirismo, parceria, respeito da outra pessoa, ou até atração sexual e admiração? Se não tiver, essa crença não lhe serve.

A solidão não é uma sentença pelo resto da vida. É uma fase. Por mais que acredite que necessita de outra pessoa para ser feliz, isso não é verdade. Cuidado com a crença ou história que conta para si de que você é incompleta e infeliz sem outra pessoa. Você tem de estar com outra pessoa para somar e potencializar, e não para que a completem. Você é completa por si só.

7

RELACIONAMENTOS ABUSIVOS

"Se você está constantemente confusa e culpada, fique atenta!"

— Eu amava tanto esse homem... não consigo viver sem ele...

A paciente estava diante de mim, contando a história do que alegava ter sido o "grande amor da sua vida". Estava sozinha, se sentindo incompleta. Seu brilho tinha ido embora, mas ela era a única que não conseguia perceber isso. Contou como tinha terminado por causa de uma cena de ciúmes, da qual se sentia culpada. Explicou que não tinha com quem compartilhar seus sentimentos, já que tinha se afastado das amigas, pois o ex não gostava de nenhuma delas. Aos poucos, foi revelando os traços abusivos da relação sem perceber... traços que nem toda mulher consegue distinguir quando está dentro de uma **RELAÇÃO ABUSIVA**.

> **RELAÇÃO ABUSIVA**
> É uma relação que nem sempre tem abusos físicos ou verbais, podendo ser caracterizada por manipulações, controle, desvalorização, isolamento social e distorção da realidade. A pessoa abusadora faz você se sentir constantemente confusa e culpada, como se você fosse a causadora de todos os conflitos. No início, a pessoa demonstra ser carinhosa, atenciosa e gradualmente vai mudando seu comportamento, por isso a dificuldade em notar que se está em uma relação abusiva.

E aqui quero que você entenda o que é um relacionamento abusivo. Porque é difícil identificar quando se está entrando em um — e na maioria dos casos é praticamente impossível. E existem sinais a que você consegue prestar atenção para então cair fora. Na primeira fase, ele entra naquele processo de sedução. Ou seja: ele monta uma persona, um verdadeiro príncipe, a pessoa com que você sempre sonhou. Então a trata bem, busca você em sua casa, manda mensagens o tempo todo. É aquele **BOMBARDEIO DE AMOR** que a seduz e, a partir do momento em que você se apaixona e entra nas garras dele, o cara começa a mudar o jogo. Você já está envolvida quando ele parte para a segunda etapa. Por isso, não consegue enxergar a mudança sutil no comportamento.

> **BOMBARDEIO DE AMOR**
> É quando uma pessoa demonstra um excesso de afeto muito rapidamente, romantismo e declarações já no começo. Vocês mal se conheceram e a outra pessoa já fala sobre planos futuros, família e filhos, planeja viagens e faz promessas de futuro. A sensação é de que você finalmente encontrou "a pessoa perfeita". Porém, por trás desses comportamentos existe uma intenção de criar um vínculo emocional rápido e intenso, para que você fique dependente emocionalmente da outra pessoa. É muito comum que, após a criação desse vínculo, a pessoa comece com os abusos e o controle. Se em poucos dias a pessoa começa a te chamar de "amor", dizer que você é a mulher da vida dele e que quer casar e ter filhos, fique atenta.

A segunda fase pode ser caracterizada por situações em que ele começa a dar umas "cutucadas" em você. Essa seria a etapa da associação, na qual você começa a associar sua autoestima à outra pessoa. Porque, além de colocá-la para cima, em seguida ele começa a sutilmente colocá-la para baixo também. No início dessa fase, são atitudes que podem parecer imperceptíveis e desimportantes, como comentários do tipo "você não fica muito bem com essa blusa". Só que é uma blusa que você usa com frequência, uma peça que lhe deixa com a barriga de fora ou cujo decote ele desaprova, então ele diminui a sua autoestima aos poucos. O problema não é a opinião dele sobre a blusa. Ele faz isso porque quer deixar você insegura. É um processo de desconstrução da sua autoestima. É uma estratégia para que você se torne dependente da opinião dele, ou seja, para você não conseguir mais ter confiança e autonomia de escolher a própria roupa, sem antes perguntar o que ele acha.

— Essa sua calça ficou um pouco apertada. Está marcando demais seu corpo. Geralmente mulheres vulgares usam esse tipo de roupa. Sei que você não é uma mulher vulgar.

Esta seria uma frase possível utilizada para diminuir a companheira. E o que acontece nesse momento? A mulher está tão encantada pelo tal do "príncipe" que nem interpreta esses comentários como negativos. Ela simplesmente para de usar a calça, deixa de comprar uma roupa de que gostou e começa a acreditar que o homem tem razão ao falar aquilo. São comentários que parecem ser voltados para o seu bem, mas, na verdade, não são — e na hora você não consegue perceber isso.

Ainda na segunda fase, chega o isolamento social. Ele desqualifica amizades suas e fala mal da sua família: "Ela é uma má influência", "Sua família quer separar a gente", "Aquela ali tem inveja de você". O objetivo disso é tirar você da sua rede de apoio, pois quem está de fora da relação — e, consequentemente, não tem envolvimento emocional com ele — percebe as inconsistências e os sinais vermelhos mais facilmente que você, tornando-se ameaças para o abusador, já que podem sinalizar que há algo de errado na relação.

Aos poucos, você deixa seus laços, dando razão ao parceiro, porque é incapaz de deixá-lo ou mesmo de se imaginar sem ele. Às vezes, isso também acontece com ele apontando o dedo para familiares, dizendo que as pessoas são desequilibradas e interesseiras. Logo, ele faz uma lavagem cerebral em você e constrói na sua cabeça uma narrativa completamente distorcida da realidade.

Só que tudo que ele fala faz sentido, tem certa coerência, até porque ele faz você olhar esses outros relacionamentos somente por um prisma negativo — ou seja, a perspectiva que beneficia a imagem dele aos seus olhos. Ele a faz ver o pior lado das pessoas e enxergar o mundo da forma que ele quer que você enxergue. Esse é o maior problema: o que ele fala faz sentido... E aqui está uma das maiores lições que aprendi ao atender mulheres nessa situação: não é porque faz sentido que significa que seja inteiramente verdade.

Existem familiares que são interesseiros, sim. Mas essas pessoas também possuem outras qualidades que agregam na sua relação com elas e poderiam até mesmo ajudar você caso esteja em uma relação abusiva. Não é porque seus familiares têm defeitos que você deve necessariamente descartá-los. Afinal, todo mundo tem defeitos. O mesmo ocorre com as amizades: existem amigas que são má influência em determinadas situações, mas não em todas elas. O importante aqui é você analisar a papel de cada pessoa na sua vida. Você deve fazer essa análise, e não o companheiro, por mais que ele deseje tomar atitudes em seu lugar.

Com o isolamento social e as cutucadas, sua relação se transforma em uma montanha-russa emocional, na qual, além de colocá-la para cima, a pessoa também a coloca para baixo, deixando você insegura. Então seu cérebro associa a sua autoestima à outra pessoa. Porque, se ele é capaz de colocar a sua autoestima para cima e para baixo, logo ele é o detentor da sua autoestima.

O problema é que essa associação acontece inconscientemente no cérebro e chama-se reforço intermitente. Esse padrão intermitente de recompensa (elogios) e punição (críticas) condiciona seu cérebro, pois esses elogios esporádicos fazem você ficar sempre na esperança do próximo, na expectativa de receber uma recompensa (que é o próprio elogio). Dessa forma, a outra pessoa se torna um agente capaz de modular suas emoções e o modo como você se sente a respeito de si. O processo é similar ao do vício, como em jogos de azar, onde você ganha e, quando perde, fica na expectativa da recompensa, presa nesse looping, sem conseguir quebrar o condicionamento. Por esse motivo, você fica viciada nele.

Essa fase é intensificada por agressões que escalam cada vez mais. Primeiro começa com agressões verbais, xingamentos do tipo "como você é burra" ou "você não faz nada direito" ou até um aumento no tom de voz, ameaçador e irritadiço. Depois passa a ter comportamentos físicos, como socar a parede e dizer "fiz isso para não dar na sua cara", ou atirar objetos, como pratos, e ainda fazer você limpar. "Olha o que eu fiz por sua culpa! Limpa essa bagunça." Se você permanecer na relação, as agressões se tornam ainda piores — ele agarra seus braços, a restringe, a joga na cama ou sofá, a impede de sair do local. Você se sente coagida, com medo dele. Mas não para por aí, pois a situação acaba escalando ainda mais, e ele parte para agressões físicas, como tapas, socos ou, no caso de uma paciente minha, o marido bateu a cabeça dela diversas vezes no painel do carro enquanto berrava e a xingava. Infelizmente, comportamentos abusivos não param por aí, podendo chegar a estupros e até à morte.

Uma pergunta que sempre recebo é: "Um abusador pode mudar?", e minha resposta é sempre curta e direta. "Não. Uma vez abusador, sempre abusador." E até pode haver casos de melhorias pontuais, mas, nos meus anos de atendimento, nunca vi isso acontecer, por isso aconselho: "Não pague para ver".

A terceira fase é a do descarte, quando ele começa efetivamente a deixar você de lado. Mas você não consegue abandoná-lo, ao passo que ele eventualmente a abandona. No entanto, ele só fará isso depois de sugar completamente todas as suas forças. Depois de isolá-la socialmente das pessoas de quem você gosta, de fazer você se isolar no âmbito profissional e torná-la dependente dele até para pagar as contas, ele passa a diminuí-la ainda mais. Isso acontece porque a maioria dos abusadores precisa diminuir as pessoas para se sentirem superiores.

Ele parece confiante, no entanto, o motivo de ele agir assim é porque tem um imenso complexo de inferioridade. Para tentar compensar esse complexo, ele diminui todos ao seu redor, seja no trabalho ou nos relacionamentos. Esse tipo de pessoa faz você acreditar que ele é um cara incrível e a faz se sentir sortuda e privilegiada por estar ao lado dele. É comum em relações do tipo ele dizer frases como "ninguém nunca vai amar você como eu te amo" ou "ninguém nunca vai fazer o que eu faço por você". E assim, diante de todos os comportamentos dele, você só consegue prestar atenção aos aspectos positivos, incluindo os comportamentos de controle e monitoramento, que você interpreta como cuidado.

Aquilo que parece um gesto de carinho e atenção, como perguntar onde você está a todo momento ou rastrear seus passos com a desculpa e justificativa de se tratar de um cuidado, a faz acreditar que ele zela por você. Mas a verdade é que está monitorando e controlando você. Assim, você se torna refém daquela pessoa. Um relacionamento saudável é baseado na confiança, no respeito e na individualidade.

Por quais razões as pessoas têm dificuldade em sair de um relacionamento abusivo? Em primeiro lugar, porque a pessoa abusiva mina completamente a autoestima de sua companheira, que não se sente capaz de viver sem o abusador, porque de vez em quando ele dá migalhas de afeto, que colocam a parceira para cima só pelo tempo necessário para mantê-la na expectativa das próximas migalhas.

É um processo muito parecido com o de quem está se livrando de um vício, como falei. A pessoa entra em desespero profundo, esperando os picos de momentos bons — que é o ápice atingido quando se é viciado em alguma droga, por exemplo. No relacionamento abusivo, esses picos acontecem quando o parceiro a **VALIDA** ou faz algum elogio. Mas sua expectativa é tão grande que você não consegue sair daquela dependência, porque entra em uma crise de abstinência: sem ele, você acredita que não tem nada. E isso ocorre porque ele fez você acreditar que, sem ele, o seu mundo fica completamente vazio.

> **VALIDAÇÃO**
> É quando você tenta confirmar o seu valor através do olhar de outra pessoa, ou seja, você delega o seu valor à outra pessoa. Teoricamente, não há nada de errado em querer ser reconhecida, valorizada, amada, vista e validada pela outra pessoa, contanto que isso não se torne a única forma de você se sentir bem consigo mesma. Pessoas que buscam sempre essa validação tendem a interpretar erroneamente os comportamentos do outro. Por exemplo, quando o namorado demora para responder uma mensagem e ela pensa: "Será que ele não gosta mais de mim? Ele sempre me respondia". Ou então, "Será que fiz algo de errado?".

Ele se torna o centro da sua vida e faz com que você acredite nessa narrativa, mantendo a si mesmo como centro da sua vida. A sensação é de que, sem ele, você seria incapaz de encontrar felicidade. E aí você fica completamente amarrada nisso, porque ele a isola socialmente, e você acaba desprovida de uma rede de apoio para sair da situação em que se encontra. Logo, vai ficando cada vez mais difícil terminar esse relacionamento. Como eu sempre digo nas redes sociais, ninguém sai de um relacionamento abusivo sozinho. Então, o primeiro passo é buscar apoio, seja com amigos, familiares, grupos de mulheres que passaram ou estão passando por isso ou profissionais especializados nessa área. E eu posso lhe afirmar: você é capaz de sair dessa relação. Digo isso por experiência profissional. Mas, por incrível que pareça, sair não é o maior desafio. O maior desafio é não voltar para o ex abusador. Pois quando você sai, você está em pedaços, com a autoestima no chão, você mal sabe quem você é ou do que gosta. Então, você vê o retorno a essa relação como uma forma de se livrar dessa angústia existencial, porque agora você só tem sofrimento — e antes você tinha alguns raros momentos bons, mas tinha. Eu falo isso para você entender que, para superar um relacionamento abusivo, é preciso passar por três etapas: sair, não voltar e se reabrir ao novo. O que faz as pessoas permanecerem e até voltarem para uma relação abusiva é sempre o mesmo motivo: a esperança de que o outro mude. Mas ele nunca muda. Isso eu lhe garanto e coloco minha reputação inteira nesse fato.

Eu tenho inúmeras pacientes que saíram dessas relações e me enviam mensagens contando como estão, dos relacionamentos que tiveram depois, da sensação de liberdade e de ter uma vida inteira pela frente. Vejo um padrão que elas seguem de colocar o foco nelas, no trabalho, no exercício físico e principalmente nas escolhas das pessoas que deixam entrar em suas vidas. E um movimento curioso que observo é o do desenvolvimento da independência emocional, ou seja, elas passam a valorizar sua própria companhia e a fazer tudo aquilo que abandonaram, sem precisar de outro alguém do seu lado para fazer isso. É o processo mais bonito e emocionante que vivencio na terapia. Acredito que seja por isso que me lembro de cada nome e rosto dessas mulheres que superaram talvez o maior desafio de suas vidas.

Se você acredita que pode estar em uma relação assim, um dos sintomas que sempre peço para minhas pacientes observarem é: se você se sente constantemente culpada e confusa em uma relação, é um grande sinal de que pode estar em um relacionamento abusivo. Nele, o companheiro inverte a situação e distorce a realidade, de modo que ele sempre tem razão e você sempre precisa agir de acordo com o que ele acha.

Depois de um tempo nessa relação nociva, você está tão sem forças que nem consegue identificar a si mesma, vai perdendo sua identidade e sua essência. As pessoas ao seu redor acham que você não é mais a mesma, porém é comum que, se ainda estiver dentro do relacionamento, você o defenda com unhas e dentes, porque não enxerga a realidade de fato, e sim apenas a perspectiva que o cara abusivo lhe mostra. Você não sabe mais o que é verdade e o que não é, principalmente quando estão com outras pessoas. É comum esse tipo de cara tratar você impecavelmente na frente dos outros, para que ninguém desconfie da conduta dele.

Existem homens que são abusivos, mas que não têm o transtorno de personalidade narcisista. Aquele com esse transtorno tem dificuldade em ter empatia e de se colocar no lugar do outro. E precisa colocar a outra pessoa para baixo para se sentir superior. Na maioria dos casos, apresenta um complexo de inferioridade e, por isso, precisa provar que é melhor que todo mundo, é manipulador, pode ter mania de grandeza, apresenta grande necessidade de admiração e validação e tem a autoestima frágil. Quando contrariado ou criticado, pode reagir de maneira explosiva, agressiva ou passivo-agressiva. Além disso, existem diferentes tipos de narcisismo, como o narcisista grandioso, que é arrogante e sedento por poder; e o narcisista vulnerável, que é sensível à rejeição, carente e sutilmente manipulador.

Dessa forma, um homem que é controlador, do tipo que não gosta que a mulher vá de shorts à academia, que contrate um personal trainer do sexo oposto ou que treine sozinha, não necessariamente é um narcisista. Assim, muitas mulheres que se relacionam com esse tipo de homem acabam por se isolar socialmente. Mas isso não ocorre porque ele é narcisista, e sim porque é um controlador ciumento e enxerga outros homens como possíveis ameaças, ou até por não saber seu valor e acreditar que pode aparecer alguém melhor que ele e seduzir sua parceira. Essa é a diferença. Então, nem toda pessoa controladora é narcisista. Mas isso não significa que o relacionamento também não possa se tornar abusivo pelo excesso de controle e restrições.

Conforme a relação se torna mais abusiva, ficam mais evidentes os traços de quem tem transtorno de personalidade narcisista.

Isso cria um conflito interno muito grande, porque a pessoa não consegue entender como o outro a trata tão mal e ela continua refém da relação. "Como eu consigo amar uma pessoa que me faz tão mal?", a vítima se pergunta. O mais importante é entender que ela não ama o narcisista, e sim que tem apego a ele. Porque o amor nos engrandece, mas o apego nos causa mal. O apego também é como um vício; apego *é* vício. Essa é a diferença principal, porque, para lidar com uma pessoa que sai de um relacionamento abusivo, é preciso tratá-la como se trata um **ADICTO**. É preciso isolar a pessoa a todo custo do abusador, mantê-la sem qualquer contato para que não tenha recaídas, pois ela corre o sério risco de entrar numa crise de abstinência.

ADICTO

Adicto é alguém que se tornou dependente de uma substância ou comportamento. No contexto de relacionamentos abusivos, esse termo descreve a pessoa que está emocionalmente dependente ou "viciada" em outra pessoa. Assim como em um vício por uma substância, ela sabe que aquela pessoa faz mal, mas não consegue se afastar e sente uma fissura, obsessão, em querer a pessoa.

A maioria das pessoas que sai de um relacionamento abusivo tem uma crise de abstinência e acredita que não vai dar conta da vida sem a outra pessoa. Ela quer "só um pouquinho", uma mensagem, qualquer coisa que traga alívio da dor. Porque dentro de nós há o mecanismo de tentar nos livrar do sofrimento a todo custo. E o desprazer dessa pessoa é a solidão e a falta de migalhas que recebia de vez em quando, em forma de elogios ou validação. No curto prazo, a pessoa quer se livrar dessa dor, então volta para ele e fica presa na relação, sem conseguir ir embora.

Se você está "na merda", o seu parceiro não é responsável por tirá-la dali. Afinal, foi ele quem colocou você lá. Lembre-se disso. Ele é o principal causador de tudo isso que você está sentindo e você acredita que ele é o único capaz de aliviar essa dor. Mas acredite: ele não é!

A propósito, é comum que esses relacionamentos sejam extremamente sexualizados. E que os dois tenham uma conexão sexual forte, que é o que os "prende" a voltar. Junto a isso, existe uma intensa liberação de neurotransmissores associados ao prazer e à motivação, dificultando mais ainda o rompimento dessa relação. Por exemplo: tenho uma paciente cujo namorado faz questão de rebaixá-la logo após o sexo, comparando a performance sexual dela à de suas ex-namoradas.

Muitas são as sequelas do relacionamento abusivo: diversas mulheres não conseguem mais ter uma relação "normal", porque acreditam que não têm a mesma "intensidade" que encontravam com o ex. E voltamos à questão da intensidade. As pessoas acreditam que essa variável é a única métrica existente para avaliar uma relação, e isso não é verdade, pois existem intensidades que são mais prejudiciais a você do que um relacionamento sem tantas emoções.

Por exemplo: uma relação com muitas brigas e discussões, mas que é contrabalanceada por aquelas reconciliações explosivas, pode ser vista como intensa e apaixonante, porém, na realidade, muitas vezes é um ciclo tóxico de instabilidade. São aqueles relacionamentos "montanha-russa emocional", em que você não tem tranquilidade. A longo prazo, a instabilidade e a oscilação prejudicam sua saúde mental, pois o seu sistema nervoso entra em estado de alerta constante, liberando excessivamente cortisol, o hormônio do estresse. Isso pode levar à ansiedade, depressão e até ao enfraquecimento do sistema imunológico, como já testemunhei em algumas pacientes.

Segundo a pesquisadora Helen Fisher, que estuda o que acontece no cérebro de pessoas apaixonadas,[1] essa instabilidade e imprevisibilidade podem gerar dependência emocional. Isso ocorre porque relações instáveis ativam áreas cerebrais que se sobrepõem à do vício, possivelmente resultando em uma obsessão pela outra pessoa e também pela sensação intensa que essa interação evoca. Agora, percebe como a intensidade pode ser uma métrica ruim?

Já atendi muitas pacientes obcecadas pelo parceiro como se estivessem realmente viciadas nele e no ciclo de instabilidade. Uma delas, a Maria, estava tão viciada na intensidade do namorado instável e abusador que ela própria começou a causar brigas só para que o momento de reconciliação fosse explosivo e excitante. Era como se ela tivesse desacostumado com a calmaria e a tranquilidade. E de fato tinha, porque a calmaria não evocava tantas emoções nela quanto as brigas e os copos que o namorado jogava na parede, intimidando-a. Em uma das nossas sessões, listei todos os comportamentos abusivos do namorado, mas que passavam despercebidos por Maria. Ela ficou assustada com o tamanho da lista e por se dar conta do ciclo em que estava. Geralmente, quem está dentro do relacionamento não percebe essa dinâmica. Precisamos de uma pessoa de fora para nos alertar. O problema é que, muitas vezes, as pessoas têm vergonha de compartilhar aquilo que está acontecendo com as amigas ou familiares, porque, no fundo, sabem que não é um relacionamento saudável, mas mesmo assim não percebem a profundidade do buraco em que se encontram.

Meu objetivo nas sessões seguintes era ajudá-la a sair dessa relação disfuncional, posto que enfim tinha percebido a gravidade do que estava vivendo. Em primeiro lugar, era necessário trabalhar seus medos quanto à separação, para lidar com eles um a um e remover as barreiras e até distorções que ela fazia. Só assim seria possível criar uma estratégia para, de fato, ela encerrar a relação. Contudo, Maria nunca mais voltou ao meu consultório.

Infelizmente, isso é o que muitas vezes acontece quando a pessoa se dá conta de que está em um relacionamento abusivo e agora sabe que tem de tomar uma decisão. Para ela, eu representava essa decisão, pois ela sabia que, se continuasse as sessões comigo, precisaria tomar uma atitude. Isso acontece mais do que eu gostaria. Algumas até voltam, meses depois, com coragem e determinação — "agora estou pronta, não aguento mais viver assim. Eu vou enlouquecer" —; entretanto, de outras nunca mais tenho notícias.

De certa forma, quando atendo pessoas que vivem relacionamentos abusivos, me sinto um pouco responsável por tirá-las dessa situação. Antigamente, me sentia bastante responsável, colocava uma pressão enorme sobre mim e, quando não conseguia ajudá-las, me sentia impotente, como se tivesse falhado no meu dever. Hoje em dia, aprendi a lidar melhor com isso. Mas ainda fico imaginando se elas conseguiram sair desses relacionamentos. Espero que sim.

Para identificar se você está entrando em um relacionamento abusivo, existem alguns sinais: a culpa e a confusão constantes, acreditar que é sempre a causadora dos conflitos, ser diminuída ou isolada de suas amizades, sentir que está pisando em um campo minado, com medo da reação da outra pessoa. Nem sempre a pessoa em um relacionamento abusivo experimenta todas as situações já mencionadas, mas, quaisquer que sejam, é comum que adquira um comportamento evitativo, ou seja, a pessoa passa a não externalizar suas insatisfações e queixas com medo de que a outra pessoa exploda.

Partindo de uma visão macro, devemos observar se o relacionamento em que estamos traz mais momentos de alegria ou de tristeza. Se você fica mais triste do que feliz, e essa tristeza é causada por seu companheiro, você não está em um relacionamento saudável. Simples assim.

8
OS QUATRO PILARES DA AUTOESTIMA E AUTOCONFIANÇA

"Você tem que aumentar sua autoestima!
E como é que eu faço isso?
Não sei."

No dorama *Beleza verdadeira*,[1] uma série coreana que se tornou globalmente conhecida e está entre as mais assistidas em todo o mundo, a protagonista é uma menina do Ensino Médio que não está dentro do padrão de beleza estabelecido pela sociedade. Logo, ela é excluída do convívio com os amigos na escola, sofre bullying e, quando tem a oportunidade de mudar de escola, descobre que existem tutoriais de estética na internet e faz o possível para comprar todas as maquiagens possíveis, na tentativa de mudar o seu rosto.

A estratégia funciona, e ela passa de menina mais feia da turma à mais bonita do colégio na nova escola. Com tal mudança na imagem, ela percebe que consegue mais amigos, que é valorizada e passa a colocar todo o seu valor na imagem que as pessoas têm dela. Até que é descoberta por um aluno que conhece seu rosto sem maquiagem. E é aí que ele descobre sua beleza verdadeira.

Por que estou contando isso? Porque hoje vivemos uma epidemia social em que as mulheres não se aceitam como são por causa da cobrança e comparação social. Esse fenômeno acabou sendo multiplicado depois que as redes sociais trouxeram os inúmeros filtros que "enaltecem" uma beleza artificial e faz com que meninas e mulheres cresçam com a falsa percepção de que serão aceitas apenas se satisfizerem um padrão de beleza.

O fato é que isso acaba com a autoestima de qualquer mulher. E, se vamos falar de autoestima, um dos principais pilares dela é a autoimagem.

Muitas pessoas vomitam uma frase que parece bonitinha, mas que, por si só, não quer dizer nada: "Você precisa ter mais amor-próprio". Só que a maioria das pessoas nem sabe o que isso significa — nem como "aumentar" o tal do amor-próprio.

O que você pode aumentar — e está no seu controle — é a estima que sente por si mesma. E o que é autoestima? Segundo o dicionário Houaiss, é a "qualidade de quem se valoriza, se contenta com seu modo de ser e demonstra, consequentemente, confiança em seus atos e julgamentos". E isso é algo subjetivo, já que a estima que você tem por si mesma é provavelmente diferente da estima que as outras pessoas têm por você. A autoestima tem quatro grandes pilares que são: a autoimagem, a autoeficácia, o autovalor e o autorrespeito. E por que é importante saber isso? Porque, se você quer aumentar sua autoestima, temos de saber *como* fazer isso na prática.[2]

Quando as pessoas falam sobre autoestima, geralmente se referem à autoimagem. Principalmente as mulheres. Embora a autoestima seja muito mais do que isso, ela é um dos quatro pilares.

E o que é autoimagem? É a forma como as pessoas se enxergam no espelho, o que muitas vezes está ligado a uma distorção da própria imagem. Veja bem: autoimagem não é necessariamente a maneira como você é, objetivamente falando, e sim a maneira como você se enxerga. Por exemplo: você pode se ver como uma pessoa gorda, mas, na realidade, ser magra. E a pergunta é: você está satisfeita com o que está vendo? Se não estiver satisfeita, você tem dois caminhos: praticar o autodesenvolvimento, por exemplo, se você acredita que está acima do peso, buscar uma nutricionista, começar a praticar exercício, fazer um planejamento (de preferência com ajuda profissional) para chegar ao objetivo desejado ou autoaceitação, que é olhar e começar a gostar daquilo que vê no espelho. É um processo que faz com que a pessoa consiga encontrar o belo em si mesma, sem vincular a própria percepção àquela que acha que os outros têm dela.

O problema é que é bem comum entre as mulheres o fato de não conseguirem praticar a autoaceitação, até porque são cobradas desde crianças para corresponderem a um ideal de perfeição que é inalcançável. Assim, estão cronicamente insatisfeitas com algo — que costuma ser a aparência. Ora o cabelo é enrolado demais, ora é liso demais, ora é gorda demais, ora é magra demais, ora tem seios muito grandes, ora tem seios muito pequenos, ora a bunda é grande demais, ora a bunda é pequena demais, cobranças que servem — e alimentam — à indústria cosmética e estética.

Então, se você está realmente insatisfeita e quer mudar algo por você e não pelos outros, o melhor caminho é o autodesenvolvimento. E a melhor forma de alcançar isso é através dos seus comportamentos, ou seja, das atitudes que a levam mais perto do seu objetivo. Mas, antes de fazer isso, você tem que se perguntar se essa vontade vem de uma pressão e influência externas ou se vem de dentro, de você.

O outro caminho é a autoaceitação. Como o nome já diz, aceitar quem e como você é. Mas de nada adianta você repetir "eu sou linda" no espelho se não acredita nisso de verdade. Inclusive, isso é uma péssima recomendação, pois, se o que você diz sobre si não condiz com o que pensa de si, isso gera ainda mais sofrimento, porque a insatisfação fica evidente e você percebe que está tentando se convencer de algo que não acredita.

Pesquisas de Joanne Wood, Elaine Perunovic e John Lee[3] demonstram que pessoas com baixa autoestima acabam se sentindo pior com essas afirmações, porque sabem que não são verdadeiras, causando um desconforto ainda maior, justamente por sentirem uma discrepância entre a afirmação e o modo como se enxergam. Dizer "eu sou linda" e não acreditar nisso gera frustração e a percepção de que está mentindo para si mesma, aumentando ainda mais suas crenças negativas. Técnicas como microafirmações podem ser muito mais benéficas, como dizer: "Não estou satisfeita com meu corpo, mas estou gostando da minha dedicação em ir para a academia".

Então, se está insatisfeita com o próprio corpo, você pode focar em melhorar o que lhe incomoda e inserir na sua rotina. Por quê? Porque continuar com uma autoimagem baixa e não fazer nada a respeito fará com que o sentimento ruim persista. Reclamar não gera mudanças. Logo, é preciso tomar uma atitude. Porque a autoaceitação é mental. Mas o autodesenvolvimento, não. Ele é comportamental. Então, em primeiro lugar, você precisa decidir: quer aceitar quem você é ou quer mudar? Se quiser mudar, precisa de planejamento. Porque ficar reclamando e fugindo da vida por causa de algo que você desaprova em si mesma não vai adiantar nada.

O que vejo na maioria dos casos é que muitas mulheres estão insatisfeitas com o próprio corpo. Com o advento e a popularização das redes sociais, da harmonização facial e de outros procedimentos estéticos de fácil aplicação, a comparação ficou ainda maior, e o padrão de beleza estabelecido se tornou inalcançável. No entanto, a vida está no dia a dia. No mundo real e nas imperfeições. E, a partir do momento em que você se compara com as musas do Instagram, cheias de procedimentos e filtros, você se torna refém de um parâmetro de comparação inalcançável e muitas vezes irreal.

Conheço uma mulher, a Carolina, que está com cerca de quarenta anos e vive um grande dilema. Ela não quer mais fazer procedimentos estéticos por medo e sente que está com muitas rugas. Até as fotos não são tiradas pelo aplicativo do celular, e sim do Instagram, para poder colocar os filtros. Só que, quando marca um encontro, Carolina tem medo de ir porque acredita que o pretendente vai reparar em suas rugas. Ela fica presa nessa característica e não consegue perceber o próprio valor, mantendo-se com a autoestima baixa por causa da sua autoimagem.

Já tive um encontro on-line — eu sei, inusitado — com uma pessoa que pediu para fazer a ligação de vídeo pelo Instagram, em vez de pelo WhatsApp, justamente para colocar filtros. Quando a conheci pessoalmente, percebi o motivo. Ela era bem diferente e provavelmente não se aceitava.

O pilar mais eficiente e rápido de se começar quando buscamos uma boa autoestima é o da autoeficácia. E o que é **AUTOEFICÁCIA**? É fazer aquilo que você se compromete a fazer. Por exemplo: vamos supor que você decidiu começar a sua rotina de exercícios na segunda-feira. Se chega esse dia e você posterga a atividade, você diminui a sua percepção de eficácia. E, como consequência, diminui sua autoestima, porque passa uma mensagem para si mesma de que você não é confiável, já que não mantém a própria palavra nem para si mesma.

> **AUTOEFICÁCIA**
> É a confiança de que, se você se propõe a fazer algo, você sabe que é capaz de fazer, mesmo que ainda precise desenvolver certas habilidades para alcançar o que quer. Ela funciona através de um mecanismo de feedback contínuo, ou seja, se você tem um objetivo específico em mente, por exemplo, de dar uma palestra, e se dedica, se arrisca e sobe ao palco, na próxima vez, em outro contexto como, por exemplo, um convite para dar aula em uma faculdade, você terá a percepção e sensação de confiança de que é capaz de conseguir também. Ou seja, ela pode ser transferida para outras áreas da vida.

Outra forma de pensar é que a autoeficácia é a sua reputação consigo mesma. Trata-se de uma característica de extrema importância, porque, se chega determinado dia e você faz aquilo que se comprometeu, sua autoestima cresce. Não por causa do resultado, e sim por ter se comprometido com o processo. Logo, sempre que atendo alguém com baixa autoestima, pergunto: como está sua percepção de autoeficácia? Está fazendo aquilo que se comprometeu a fazer? Ou está deixando tudo para amanhã e postergando?

Pense em uma amiga que promete sair com você, mas sempre lhe deixa na mão. Uma hora você desiste da falta de comprometimento dela e não conta mais com essa pessoa. Ela deixa de ser confiável. O mesmo acontece com você em relação às suas promessas pessoais. Uma hora, você desiste de si mesma, porque não cumpre com aquilo que se comprometeu a fazer. Nisso, perde a sua autoconfiança, assim como perdeu a confiança na sua amiga. E isso diminui ainda mais sua percepção de autoeficácia e, consequentemente, sua autoestima.

Tereza era uma paciente que se divorciou aos 44 anos e não namorou mais. Estava com a autoestima muito baixa. Sua percepção de desvalorização vinha de seu pai, que sempre a criticava e nunca a valorizava. E o ex-marido fazia a mesma coisa com ela: não valorizava tudo que ela fazia pela família. Então ela cresceu com a crença de desvalorização, teve essa crença exacerbada no relacionamento com o marido e, com isso, sua crença se expandiu a ponto de ela se considerar incapaz de ser bem-sucedida financeiramente. O início disso foi a desvalorização que sentiu por parte de seu pai, que a criticou por ter escolhido a faculdade de veterinária em vez de medicina.

Essas contingências afetavam a autoestima dela e o ex-marido só piorava a situação, porque, quando ela dizia que a pensão alimentícia para os filhos não era suficiente, ele dizia: "Se você tivesse escolhido outra carreira, não precisaria depender de mim". O problema de autoestima dela tinha relação estreita com o âmbito profissional. E qual era o objetivo de nossas sessões? Incentivá-la a se arriscar, a dizer "sim" para as oportunidades, por mais que não acreditasse em si. Incentivei-a a aceitar uma proposta de dar aulas em uma universidade e até ser entrevistada na televisão. Eu disse algo assim a ela:

— Se você não acredita em si mesma, deixe que os outros julguem se é boa ou não. Porque, se você foi convidada a dar aulas numa universidade e a aparecer na TV, seu valor é evidente para os outros, mesmo que não o seja para você.

Aos poucos, ela conseguiu superar isso e mudar a perspectiva sobre si mesma.

Já a autoimagem não é tão simples, porque, se você estiver insatisfeita com algo em seu corpo, existe um processo mais lento até chegar ao seu objetivo. A autoeficácia é sobre o processo. Por exemplo, pense em uma ocasião em que tinha que fazer algo, mas não o fez e depois se sentiu mal por isso. Se você faz, se sente vitoriosa, independentemente do resultado, ou seja, o mero esforço e dedicação no processo já eleva sua autoestima.

Levando para o âmbito dos relacionamentos: quando você já passou por um término de relacionamento e superou, e agora está passando por outro, a percepção de autoeficácia ajuda a entender que é capaz de superar aquilo, porque você já foi capaz de superar situações parecidas anteriormente.

Outro pilar importante para a autoestima é o autovalor, ou seja, o valor que você atribui a si mesma. E este é um ponto interessante, porque a maioria das pessoas não está ciente das próprias qualidades. Quando não estamos cientes da nossa própria importância, ficamos mais propensos a baixar padrões e aceitar qualquer coisa: seja no trabalho, nos relacionamentos românticos, nas amizades, na família...

Cecília é minha paciente e havia dois anos que estava sem se relacionar. Ela terminou um longo casamento, separou-se e começou agora a se relacionar com outro cara. Mas uma fala sua me chamou a atenção:

— Saí com ele, o homem pareceu interessado em mim, mas não quis beijá-lo.

Então, pedi que falasse um pouco dele. Cecília contou que ele não era muito bonito. Na verdade, ele era feio, e, para ela, a estética era superimportante. Além disso, o cara é fumante, sedentário e está acima do peso. O fato é que ela é vegana, detesta cigarro e faz exercícios físicos diariamente.

117

— Você percebe que existe um conflito aí? — perguntei. — Um conflito de estilos de vida?

Indaguei-lhe por que não o beijou, e ela confessou:

— Porque não sinto atração física por ele.

Questionei por que razão Cecília estava saindo com ele, e a resposta veio imediata:

— Porque ele está muito interessado em mim.

Na hora, rebati:

— Você está saindo com um cara só porque ele está interessado em você. Consegue perceber o baixo valor que está atribuindo a si mesma?

Cecília começou a se questionar. E estava com medo de que, se deixasse de sair com ele, talvez ficasse sozinha para sempre. Mas ela precisava reconhecer que esse medo a fazia aceitar em sua vida caras que não tinham nada a ver com ela.

Ela tinha uma baixa percepção do próprio valor e não fazia ideia do que tinha a oferecer em um relacionamento. Ela é muito inteligente, bonita, independente financeiramente, bem-sucedida, uma mãe cuidadosa. Ela tem infinitas qualidades, mas não consegue enxergá-las. Então, por não ter percepção do próprio valor, entra em relações com parceiros que não têm nada a ver com ela e com o que ela tem a oferecer.

E esse não é um caso isolado. Na verdade, acontece com frequência: as pessoas — especialmente as mulheres — não têm ciência das qualidades que têm a oferecer. Nada impediria aquele pretendente de parar de fumar e de começar a fazer exercícios físicos, principalmente se ele estava tão interessado em conquistá-la. Mas não dá para contar com isso; é uma aposta grande demais esperar que alguém mude por você. E, cá entre nós, são poucas pessoas dispostas a mudar por alguém, ou até por si mesmas. Será que estamos aceitando qualquer coisa, ainda mais quando percebemos que o outro não está nem um pouco alinhado com nosso estilo de vida e nossas perspectivas?

Não existe certo e errado aqui. Apenas avalie se a pessoa com quem você está corresponde às suas expectativas e está à sua altura —

e, quando digo isso, me refiro ao estilo de vida, perspectivas e convicções. Ao se juntar a uma pessoa muito diferente de você em aspectos fundamentais, há dois caminhos: ou você flexibiliza e migra para o estilo de vida da outra pessoa, ou ela migra para o seu. Geralmente, tendemos a ir para o estilo de vida mais preguiçoso, ou seja, para a inércia. Então, a pessoa que abriu mão de si mesma corre o risco de ela mesma perder as características que considera importantes; no caso de Cecília, poderia ter sido desistir de ter um corpo e uma mente saudáveis.

Por fim, o último pilar da autoestima é o autorrespeito. Aqui estamos falando da dificuldade de impor limites. Ou seja: devemos nos respeitar para que o outro nos respeite.

Tenho outra paciente, a Silvia, que deixa todos passarem por cima dela, como se fossem tratores. Ela tem a famosa "síndrome da boazinha". Faz tudo pelos outros e ninguém faz nada por ela. Silvia não estabelece limites e engole, com o passar do tempo, as insatisfações pela dificuldade de impor limites.

As pessoas acabam atropelando quem não tem autorrespeito. Porque esse indivíduo está sempre olhando para o outro, e nunca para seu próprio bem-estar. É como diminuir as próprias vontades e dar mais mérito para as vontades das outras pessoas. Você não respeita os seus princípios e valores e começa a querer passar por cima disso para agradar o outro.

No caso de Cecília, ela também se incomodava com o cheiro do cigarro do parceiro, mas começou a racionalizar esse aspecto do cara, dizendo que ele usa um kit que elimina odor, e assim justificava o comportamento do pretendente. Dessa forma, ela diminuía a importância dos comportamentos de que não gostava, e colocava "panos quentes" sobre os problemas. Assim, conseguia minimizar os comportamentos que repudia no outro.

Também já aconteceu com uma paciente, a Camila, a seguinte situação: depois de descobrir que seu marido entrava em sites e aplicativos de relacionamento desde o início do casamento, ela não tomou atitude alguma. Ela minimizava a gravidade do problema, sempre tentando colocar "panos quentes" nas ações do marido, racionalizando e criando justificativas que a convencessem de que o comportamento dele era aceitável. Então, Camila foi se dessensibilizando: vivia em um estado de apatia constante, sem altos e baixos emocionais, motivado pelo convívio frequente de situações de conflitos e brigas, desde a infância. Com isso, ela tinha de cuidar de si mesma ao se distanciar dos problemas familiares e, pior ainda, sempre precisava tentar não criar mais conflitos. Ela acabou trazendo o mesmo padrão evitativo para os relacionamentos românticos na vida adulta e, assim, não conseguia impor respeito ou limites nas relações, mesmo depois de descobrir as atrocidades que o marido fazia.

O fato é que a autoestima das pessoas está sustentada nesses quatro pilares e todos são inter-relacionáveis. Retomando o exemplo de Carolina, que citei no início do capítulo, seu preconceito com relação a suas rugas reflete-se em um problema na própria autoimagem. No entanto, quando Carolina vai a um encontro e o sujeito a aceita como ela é — na vida real e sem filtros —, ela se sente valorizada e passa a se sentir melhor. Mas e se ele fizesse um comentário negativo, do tipo: "Sua semana foi muito corrida? Você está com cara de cansada"? Será que seu valor diminuiria? O problema não está na opinião dos outros sobre nós, mas sim na importância que damos a ela. Carolina não precisaria depender da aceitação ou do elogio do outro para ter uma boa autoestima, pois todo mundo tem imperfeições ou características em si que não gosta. A transformação não acontece quando o outro a aceita ou elogia o que lhe incomoda, mas sim quando você se aceita. No final das contas, sua opinião acerca de si é a única que importa.

A problemática de uma baixa autoestima é que cada vez mais as mulheres estão se colocando em um lugar de "já que ele está interessado em mim e me aceitou do jeito que sou, vou continuar saindo com ele". Percebe como isso é aceitar pouco? Se essa mulher decide continuar com o cara só porque ele demonstra interesse nela, sem levar em consideração os próprios sentimentos e as próprias perspectivas sobre o parceiro, essa é a receita para o relacionamento dar errado.

O fato de haver muitas mulheres buscando validação externa de seus parceiros, por acreditarem que serem validadas já é motivo suficiente para ficar com eles, é um indício bem relevante de que precisamos trabalhar a autoestima e seus quatro pilares: autoimagem, autoeficácia, autovalor e autorrespeito. Agora que você conhece um pouco mais sobre o assunto, vamos juntos trabalhar a autoestima?

9

RELACIONAMENTO À DISTÂNCIA E CIÚMES

"O problema não é a distância, e sim a falta de perspectiva e planejamento em encurtá-la."

Muitas pacientes e seguidoras das redes sociais me perguntam se relacionamentos à distância têm chance de dar certo. Independentemente de o relacionamento ser à distância ou não, a chave para que dê certo é maturidade, confiança e comunicação. Sem isso, nada feito.

Certa vez, uma seguidora me contou que seu relacionamento não sobreviveu à distância. O namorado foi estudar fora do país e ela acabou por traí-lo com um amigo, já que não sentia mais conexão com o namorado distante. Ela não conseguiu ficar muito tempo longe e disse que o relacionamento "esfriou" enquanto tinha alguém ao seu lado com todo o amor do mundo para lhe dar. Por isso ela me perguntava: é possível um relacionamento assim dar certo?

A primeira coisa que precisamos ter em mente é saber que existem diferentes tipos de relacionamento à distância. Uma coisa é ter um relacionamento com uma pessoa que mora a duas horas de você. Outra coisa é se relacionar com uma pessoa que mora do outro lado do país ou em outro continente. São situações completamente distintas. Ou seja: é preciso avaliar a distância, porque ela impacta na frequência que o casal vai se encontrar.

Se a pessoa mora muito longe, quantas vezes por ano vocês irão se encontrar? Uma, duas vezes por ano? Porque, nesse caso, o desafio é infinitamente maior. Há alguns aspectos que se tornam empecilhos na relação, como a carência e a saudade, fatores com os quais muitas pessoas não conseguem dar conta, porque querem estar fisicamente com a pessoa e não conseguem.

Para uma relação à distância dar certo, é necessário que a distância seja razoável e permita que vocês se vejam com certa regularidade. Vocês vão estabelecer quanto tempo de afastamento é viável, mas vamos supor que uma vez por mês, pelo menos, seria razoável. Ao mesmo tempo, deve-se ter confiança mútua, boa comunicação e o mais importante de tudo (e o que às vezes a gente esquece): qual é o plano para fazer o relacionamento dar certo?

Vocês vão ficar distantes por quanto tempo?

Relacionamentos à distância podem durar? Sim. Mas se a distância tiver um prazo. O fator delimitante é esse. Há um prazo ou vocês ficarão fisicamente distantes por tempo indeterminado?

Se o prazo é de apenas alguns meses, costuma haver um esforço de ambas as partes para que a formatação do relacionamento dê certo. O problema é quando não existe perspectiva de quando a situação irá mudar. Outro fator importante para se atentar é que, se o relacionamento é recente, não se deve forçar uma intimidade precoce. Por quê? Quando estamos à distância e enfim encontramos o parceiro, pensamos "vamos aproveitar o tempo e passar o dia inteiro juntos". Mas, se vocês não têm intimidade para conviver rotineiramente um com o outro e ainda estão na fase da idealização, pode ser bem difícil conviver com a pessoa na rotina dela. É muito importante não apressar o andamento das coisas.

Tive um único relacionamento à distância. Eu estava saindo com a pessoa há um mês e meio e começamos a namorar com o objetivo de solidificar a relação. Foi um grande equívoco, porque não tinha dado tempo o suficiente para nos conhecermos de fato até então. Passávamos dez dias um na casa do outro e não estávamos na fase da relação em que poderíamos vivenciar uma rotina assim, porque, para chegar a esse ponto, a relação deve estar mais cristalizada e forte. É um desafio conviver com seu par na rotina. Assim, colocar essa variável no início do relacionamento contamina completamente a relação, às vezes condenando-a ao fim.

Também já atendi pacientes ciumentas que tentaram se relacionar à distância. Foi uma catástrofe, porque elas contavam quantas seguidoras havia no Instagram e monitoravam um possível aumento nesse número. O ciúme era amplificado ao máximo. A desconfiança minava a relação. Por isso, se você é uma pessoa ciumenta, é provável que um relacionamento assim não seja indicado para você. O que tende a acontecer nesses casos é que, para sentir-se segura, você vai querer monitorar a outra pessoa. Pedir para mandar mensagem o tempo inteiro, pedir ligação de vídeo. Ainda mais se o relacionamento for recente e você ainda estiver na incerteza, afinal de contas, ainda nem sabe se pode confiar na outra pessoa. Por si só, relacionamento à distância é um voto de confiança. É um risco, pois você não sabe se pode confiar na pessoa.

Por outro lado, se a relação à distância que vocês estão tentando fazer dar certo for com uma pessoa em quem você pode confiar, o contexto é que vai deter maior influência na situação, guiado pelos fatores solidão e carência física. Por exemplo: se você ou seu parceiro vai passar dois anos em outro país, vai existir carência física. Então, a pergunta é: você consegue ficar dois anos sem beijar outra pessoa? Sem contato físico com outra pessoa? Será que vai aguentar as tentações? O problema é que você pode até achar que sim, ou mesmo ter certeza de que consegue fazê-lo, mas só vai ter certeza mesmo depois de um tempo, quando a carência bater. Além disso, você deve se perguntar sobre uma questão muito importante: do que está disposta a abrir mão para fazer esse relacionamento funcionar?

Tenho um paciente que tem uma relação à distância há dois anos. Ele consegue vir ao Brasil a cada dois meses, e a rotina deles funciona com vídeo e câmera todos os dias. O casal dorme praticamente junto, porque, na hora de dormir, colocam o vídeo e adormecem "juntos". O relacionamento deles é sólido. E por que ele faz todas essas coisas? Porque os dois têm uma conexão muito forte. E por que eles têm uma conexão muito forte? Porque têm uma comunicação muito eficaz e aberta um com o outro. Ambos

125

dizem um ao outro sobre o que incomoda na relação e se flexibilizam para resolver o problema.

Temos de entender que, quando estamos longe de nosso parceiro, tudo gira em torno de comunicação. O casal precisa ter uma comunicação muito boa e as duas pessoas precisam exercitar a capacidade de se abrir uma com a outra, revelando o que as incomoda, pois, a partir do momento em que não se abre para o parceiro distante, abre-se para outras pessoas.

Em um relacionamento à distância, é necessário ser muito transparente com a outra pessoa, porque isso vai impactar no fortalecimento da confiança. Afinal, na realidade, um não sabe exatamente onde o outro está. Existe maior individualidade nessa dinâmica de relacionamento, e nela reside outro desafio: vocês estão acostumados a ficar sozinhos, enquanto esperam o momento de um visitar o outro, e, quando enfim conseguem ficar juntos fisicamente, pode haver dificuldades em respeitar o espaço do outro e ter o seu próprio espaço respeitado. A percepção da individualidade é muito maior em uma relação à distância.

São muitas as variáveis. E é preciso refletir sobre elas: se você é uma pessoa ciumenta, é melhor entender que relacionamento à distância dificilmente dará certo para você. Caso contrário, você irá sofrer muito, porque vai querer saber o tempo inteiro a localização do outro, o que ele está fazendo, se está acompanhado etc. Isso não é saudável e é extremamente desgastante para ambos, porque alimenta a insegurança e traz uma falsa percepção de segurança. Por que falsa? Porque você acredita que, para se sentir mais segura, precisa saber onde ele está, com quem está, quando sai e quando volta. Mas isso não é certeza de que o outro está sendo fiel e verdadeiro, por isso a falsa percepção de segurança. Como o famoso ditado diz: "Quem quer trair arranja um jeito".

Você não precisa colocar o seu parceiro em uma coleira para se sentir segura. O que precisa fazer é trabalhar a sua insegurança, e isso vale não apenas para relações à distância, mas também para quaisquer relacionamentos que você venha a ter.

Ainda no sentido de posse e ciúmes, o que acontece quando a outra pessoa está em uma coleira há muito tempo e de repente fica livre e desimpedida? Aquilo atiça a fantasia dela. Você transforma algo que deveria ser pequeno em algo grande.

Tive uma paciente, Selma, que já namorava há nove meses e não era uma pessoa ciumenta. Um belo dia, Selma foi a um happy hour do trabalho do namorado e lá foi abordada por uma mulher que alegava que o namorado de Selma era louco por ela e falava dela o tempo todo. Selma fez cara de desconfiada ao me contar sobre a situação. Então, perguntei-lhe se iria falar algo com o namorado, e a resposta foi:

— Sei como funciona a cabeça dos homens. Se eu falar, vou dar corda para algo que talvez nem exista. Vou ficar calada, mas de olho.

Somos atraídos por aquilo que é proibido desde a infância. É o que a psicologia chama de "efeito da proibição", conceito desenvolvido por Brehm.[1] O desejo por algo aumenta quando se trata de algo proibido, seja material ou mesmo uma pessoa, como no caso de relacionamentos. Essa máxima se aplica especialmente a casos em que um dos parceiros proíbe o outro de ter amigos do gênero oposto — ou, no caso de homossexuais, de ter amigos do mesmo gênero. Ou seja, é um tiro no pé, porque é como se você utilizasse o "efeito da proibição" contra você.

Proveniente disso, vem um questionamento: a sua insegurança é tão grande que o outro não pode estar com outras pessoas? Qualquer pessoa simboliza uma ameaça?

Sempre que atendo uma pessoa extremamente ciumenta, faço quatro perguntas:

1 Você tem ciúmes porque não está ciente das suas qualidades e acredita que outra pessoa, melhor do que você, simboliza uma possível ameaça?

2 Você tem propensão à traição e, por isso, acredita que o outro também possa ter?

3   A outra pessoa não é confiável e por isso você fica sempre receosa de que algo possa acontecer?

4   Você já foi traída algumas vezes e isso a traumatizou a ponto de você ter dificuldade em confiar novamente?

Seja qual for sua resposta, um relacionamento requer confiança, tanto em si mesma quanto no outro. Não podemos ficar constantemente vigilantes do comportamento do outro ou desconfiados acerca de tudo.

Tive um paciente que era casado e ligava para a esposa, do nada, por meio de chamada de vídeo, só para saber onde ela estava e se estava acompanhada. O problema era que, quando ela não atendia, o cara surtava e criava uma história inexistente na própria cabeça sobre ela estar com outro. Por causa disso, ela passou a atender, mesmo quando estava ocupada. Na terapia de casal, eu expliquei a ela sobre o **PAPEL REFORÇADOR** que ela exercia nesse comportamento disfuncional do companheiro.

> **PAPEL REFORÇADOR**
> Acontece quando fortalecemos um comportamento sem perceber, tornando-o mais frequente. Nesse exemplo, a esposa, ao atender o telefone por videochamada, reforçava o comportamento de controle dele. Ele sabia que, sempre que ligava por vídeo, ela atendia. Nisso, a atitude se perpetuava. Ou seja, ela cedia ao comportamento dele de fazer chamadas de vídeo para evitar conflitos e brigas, mas, com isso, reforçava essa atitude. Esse é um conceito que vem da teoria do condicionamento operante de B. F. Skinner, que estudou como um comportamento pode ser mantido e intensificado quando recebe uma resposta (sempre atender o telefone) que o reforça. Dessa forma, para evitar o reforço, seria preciso não fortalecer o comportamento, evitando atender a ligação (e enfrentando o conflito com o parceiro).[2]

Fui duro e disse:

— Não é você quem tem de se adaptar a esse comportamento desconfiado dele. O seu marido é o responsável por lidar com o ciúme excessivo que sente. Você pode apoiar, mas não cedendo dessa forma; caso contrário, você reforça o comportamento dele.

Acho incrível e fascinante o papel reforçador que temos no comportamento do outro. Na maioria das vezes, não percebemos o modo como alimentamos e reforçamos as atitudes, mesmo aquelas que não queremos. Se a outra pessoa tem o hábito de ligar por chamada de vídeo e você sempre atende, para evitar dores de cabeça e reclamações quando chegar em casa, você reforça essa ação dele, ou seja, sempre que ele liga, você atende, logo, ele continua fazendo isso.

Para um relacionamento ser saudável e dar certo, é necessário haver confiança e comunicação. Além disso, em um relacionamento à distância, é preciso que o casal tenha um alinhamento e planejamento de quando vão ficar juntos. Só assim para construir uma família, caso desejem. Se, dentro de um casamento, o marido ou a esposa precisa ir para outro país sem previsão de voltar, o relacionamento pode acabar, pois as pessoas podem se acostumar a ficar longe uma da outra. Você pode se acostumar com essa tal de liberdade.

10

PRIMEIRO ENCONTRO E EXPECTATIVAS

"Você mal conhece essa pessoa e já está pensando na banda do casamento. Calma."

Já escutei de muitas mulheres que elas são transparentes no primeiro encontro, que falam o que pensam e que são autênticas. Mas também já escutei mulheres me perguntando se deveriam ser elas mesmas. "Qual versão minha devo apresentar?"

A palavra "versão" é muito boa para ilustrar as situações de primeiro encontro e expectativas, porque significa que é uma amostra sua, um lado seu — e não um personagem fictício. E quando a gente sai pela primeira vez com uma pessoa, qual é o objetivo? Queremos impressioná-la, levar nosso melhor lado para esse encontro.

Sempre faço um paralelo entre um primeiro encontro e uma entrevista de emprego. Quando vai a uma entrevista de emprego, você age naturalmente, fala o que der na cabeça, é 100% fluida e espontânea? Provavelmente não. Porque haverá um papel a desempenhar, que deve estar alinhado com sua persona profissional. Logo, deve-se fazer uso de habilidades sociais para interagir com o entrevistador.

Em um primeiro encontro, existem vários aspectos semelhantes com o exemplo da entrevista. Devemos levar nossa melhor versão para que aumentem as chances de se conquistar a outra pessoa. E isso não significa ser inautêntica. Pelo contrário: você está sendo autêntica, porém mostrando apenas uma parte sua, por enquanto. O argumento das pessoas emocionadas e intensas é que elas devem ser quem são, sem filtros. Mas a questão é que é preciso ter filtro em qualquer esfera da vida: quando se fala com os amigos, com os parentes, com os filhos. Para não machucar as pessoas, principalmente. Então por que não teríamos filtros em um primeiro encontro?

O papel da pessoa com quem você está saindo é demonstrar que é digna — ou que tem qualidades suficientes — para que vocês tenham um segundo encontro. E o seu papel é mostrar a ela que você também possui qualidades que a façam querer sair com você novamente. Mas como evitar que essa sua melhor versão se transforme em um personagem fictício, criando uma persona que não se sustenta ao longo do tempo?

Uma paciente, Roberta, saiu certa vez com um cara que a convidou para fazer escalada no segundo encontro. Ele já tinha chamado ela para jantar, mas eles não se beijaram. Durante a conversa, ficou nítido que ele era desprendido e aventureiro, e ela vendia uma imagem de que também gostava de tudo aquilo. Como ela tinha acabado de sair de um relacionamento, nem sabia do que gostava ou não: por exemplo, não sabia dizer se preferia conforto em vez de acampar. Ela nunca tinha se questionado sobre isso. Era como se ela tivesse de manter o personagem criado para o seu novo pretendente. Logo, todos os assuntos eram voltados para o tema viagens e ele percebia, aos poucos, que ela não era a pessoa que demonstrava ser. Tanto que, depois do segundo encontro, que ocorreu em uma parede de escalada *indoor*, eles não se viram mais, porque não tinham quase nada em comum.

Quando saímos de uma relação que durou anos, muitas vezes perdemos a noção do que gostamos e até de quem somos. Isso acontece porque o casal desenvolve gostos que pertencem ao casal, e não aos indivíduos isoladamente. Por isso, quando nos separamos, entramos em uma fase de autodescoberta de quem somos sem aquela pessoa e do que gostamos de fazer sozinhos. Inclusive, esse é um comportamento muito comum com as mulheres, pois são elas que tendem a abrir mão dos seus sonhos e planos para priorizar os do parceiro. Renunciam à própria identidade para agradar e abraçar os gostos, objetivos e até crenças do companheiro, como se fossem uma extensão dele. Atendo mulheres que iniciam esse processo de redescoberta ainda dentro da relação. Começam a se questionar se gostam mesmo daquilo que sempre fizeram ou se é um gosto do homem.

Tive uma paciente chamada Elise que, depois que sua mãe faleceu na pandemia, teve uma epifania. Ela começou a se questionar se estava vivendo conforme gostaria ou se sempre se submetia ao que o marido queria. O marido gostava de sair para beber com ela e os amigos até tarde. Mas ela descobriu que não gostava daquilo e fazia só para agradá-lo. Então, ela começou a negar os convites para acordar cedo e ir treinar. A resposta do marido a esse comportamento foi a mesma que vejo em muitos casos similares:

— Você mudou, já não é mais a mesma, não é mais a mulher que me casei e sempre me acompanhou.

Quando uma pessoa questiona e se rebela contra um comportamento que sempre desempenhava, isso abala a dinâmica da relação, pois as pessoas esperam consistência nos papéis que cada um desempenha dentro do relacionamento. Na psicologia social, esse fenômeno está ligado à teoria dos papéis, explorado por muitos estudiosos, principalmente por B. J. Biddle.[1] No caso de Elise, o marido via nela uma "companheira para tudo", aquela que sempre fazia o que ele queria. Quando ela começou a resgatar seus próprios interesses e romper com esse papel, ele sentiu que a estrutura da relação estava ameaçada. Essas mudanças individuais podem gerar desconforto quando se espera que o outro permaneça desempenhando sempre o mesmo papel.

Voltando à questão do primeiro encontro... O ponto é que vivemos um equívoco ao acreditar que sabemos o que vai agradar à outra pessoa. Com isso, montamos um personagem em cima do que achamos que atrai a outra pessoa.

Aqui está o paradoxo: não precisamos ser 100% transparentes no primeiro encontro. Ser totalmente verdadeiro significa que você vai falar tudo o que pensa, despejar os traumas de antigos relacionamentos e problemas que carrega apenas com a justificativa de ser transparente e se orgulhar de ser quem é. Mas essas coisas não precisam ser compartilhadas em um primeiro encontro. Você deve ser autêntica, mas acima de tudo filtrar informações que devem ser compartilhadas apenas quando você ganhar mais intimidade com a outra pessoa, em doses homeopáticas. Você pode postergar a revelação de certas informações e divulgá-las em outro momento, já que ainda está conhecendo a pessoa. Quando as pessoas dizem que "são quem são e falam o que pensam", elas não estão sendo autênticas. Estão sendo descontroladas, sinto lhe informar. Falar tudo o que pensa é falta de controle emocional.

Muitas pessoas criam versões de si mesmas para tentar controlar a percepção do outro sobre elas. Mas isso é incontrolável. Não sabemos pelo que a outra pessoa vai se atrair, logo, não adianta tentar controlar a percepção do outro. Não sabemos o que ele busca.

Geralmente, qual é a melhor versão que a gente tem? É uma versão leve. Uma conversa descontraída, sem focar aspectos negativos e assuntos pessimistas. Não é uma regra, mas espera-se leveza de um primeiro encontro. Não cabe ficar falando mal de outras pessoas ou trazer assuntos catastróficos. Pense bem: você está saindo pela primeira vez com a pessoa. Vamos associar essa experiência a algo positivo. E isso não significa que você não pode ter uma conversa mais profunda, mas é importante deixar na memória do outro um encontro agradável.

O problema é que, se a mulher falsear a sua melhor versão, o tiro pode sair pela culatra, porque o seu fingimento pode dar outra ideia ao pretendente, que pode estar buscando algo diferente daquela representação. Além disso, ela terá de sustentar aquele papel, assim como a Roberta, do encontro na parede de escalada, tentou fazer. Por isso, tudo bem mostrar um lado seu autêntico, porque, depois de um tempo, você vai se abrindo cada vez mais. O lado que você mostra no primeiro encontro deve ser verdadeiro, e a pessoa com quem você está começando um relacionamento vai descobrir que você é uma pessoa muito mais complexa do que aquilo que demonstrou no primeiro encontro.

Quando saímos com uma pessoa, é frequente a idealizarmos. Ao trocar mensagens por aplicativo ou rede social, você criou uma imagem da pessoa. Isso é uma idealização. E o que isso significa? Que talvez a imagem que você criou não seja exatamente como a pessoa é, e sim uma projeção daquilo que você gostaria que ela fosse. O problema de isso acontecer é que você fica míope e passa a enxergar e notar somente aquilo que condiz com a sua idealização. É o viés de confirmação que relatei anteriormente.

Então, por exemplo, se você sai com um cara e deseja que ele seja muito educado, pode acontecer de você não perceber ou dar muita atenção aos momentos em que ele não é tão educado assim. Nesse caso, você evidencia os momentos de educação e negligencia quando ele é mal-educado, porque você busca coerência na sua idealização. Outro exemplo: se você procura um homem romântico, mas sai com alguém que não é, é comum focar apenas os atos românticos do pretendente, algo que vá justificar a sua idealização, e em que você vai dizer: "Ah, ele é romântico, sim". A idealização traz uma expectativa de que o parceiro sustente a imagem que você criou, mas a verdade é que nem sempre o seu companheiro corresponderá às suas idealizações.

Por esse motivo, é tão importante que a imagem que se passa no primeiro encontro seja verdadeira, ainda que não demonstre todas as facetas de quem você é. Ao longo dos encontros, você pode descobrir mais sobre a pessoa e desconstruir, aos poucos, a idealização que você fazia dela.

Na paixão, também ficamos cegos e usamos a lente de idealização, e aí é comum só percebermos o que queremos ver. Isso é uma receita infalível para a decepção: conforme o véu vai caindo, vemos quem de fato está diante de nós. Já ouvi pacientes dizerem, depois de despertarem da cegueira momentânea da paixão:

— Poxa, mas esse cara não é tão educado assim!

Surpresas, elas não conseguiam entender que os pretendentes sempre tinham sido dessa forma, elas apenas não eram capazes de enxergar a realidade. Muitas mulheres me perguntam com frequência: "Então, como idealizar menos?". É impossível. Todos idealizam. Vamos ao encontro com essa bagagem: nossas idealizações e expectativas. A diferença é que, quando sabemos sobre essa tendência à idealização, podemos refletir se estamos vendo o que queremos ver ou se a pessoa realmente corresponde às nossas expectativas. É possível fazer essa reflexão ao prestar atenção tanto aos comportamentos positivos como aos negativos, sem fechar os olhos para as atitudes que não sustentam a idealização. É claro que nem sempre é fácil fazer isso, mas vale a pena tentar.

Enfim, já estabelecemos que o primeiro encontro é uma caixinha de surpresas. Muitos não sabem sequer como agir, sobre o que conversar, se é melhor deixar o outro falar ou como se precaver para não falar demais. Muitas mulheres me perguntam sobre temas para abordar nos encontros, principalmente as mais tímidas. Quando temos duas pessoas à mesa genuinamente dispostas a conhecer uma à outra, os assuntos tendem a fluir. Na prática, o que isso significa? Quando você se articula para perguntar à pessoa sobre aspectos da vida, em busca de conhecê-la, e quando ela também tem essa atitude em relação a você.

Há mulheres que gostam de fazer perguntas para investigar sobre o outro e ficam com medo de o primeiro encontro parecer um interrogatório. Para elas, eu digo que tudo bem fazer isso, porque faz parte da personalidade delas. Contanto que deem espaço para a outra pessoa respirar e também conhecê-las, não existe um problema de fato nessa abordagem.

Cada um carrega o primeiro encontro de uma forma, e nem sempre existe equilíbrio. Mas o importante é falar de si, caso a outra pessoa pergunte. Contudo, é preciso ter o cuidado de não ficar falando só de si mesma e passar a imagem de que o mundo gira em torno de você.

Na minha percepção, as mulheres enfrentam mais esse tipo de situação. Principalmente quando saem com caras que desejam mostrar seus feitos profissionais. Sabe aquela pessoa que tem um ego gigantesco e que só fala sobre si, sobre o seu carro, o próprio dinheiro e suas conquistas? Então, esse é o cara egoico. Note: você pode falar mais de si, não tem problema. Mas cuidado para não fazer isso por puro nervosismo ou por receio de um silêncio constrangedor. É interessante que os dois tenham espaço para falar.

Já tive encontros que pareciam sessões de terapia, em que a mulher só falava de suas angústias e de seus problemas profissionais. O que acontece quando saímos com alguém e percebemos que esse alguém não fez pergunta alguma sobre nós? Percebemos que esse alguém poderia ter saído com qualquer outra pessoa, e não só com você. Ela só queria desabafar, falar de si, então qualquer pessoa poderia servir.

No entanto, se você está na missão de encontrar um namorado, é preciso avaliar quem está na sua frente. Você não está meramente atrás de uma pessoa incrível, e sim de alguém para se encaixar nos seus planos de namorar. Às vezes, acontece de a pessoa não refletir direito e não avaliar se o pretendente está à sua altura. Mas, por mais difícil que seja, é muito importante fazermos essa análise; caso contrário, fazemos escolhas erradas pelo simples fato de querer estar com alguém, e por isso aceita-se qualquer um. Logo, se você quer namorar, ótimo. Mas, para evitar grandes problemas no futuro, é melhor avaliar seus pretendentes, sob o risco de ter seu objetivo concretizado, mas com a pessoa errada.

Ainda sobre o primeiro encontro, muitas pacientes relatam que ficam nervosas porque se colocam em uma posição em que precisam ser "aprovadas" pelo pretendente. Ao fazerem isso, perdem totalmente o poder dentro da dinâmica do relacionamento, e já no início da relação. Isso acontece porque, na maioria das vezes, elas sentem que serão avaliadas, como se o homem fosse o detentor da escolha. Como se o fato de aceitarem sair com ele já o aprovasse. E, ao mesmo tempo, como se ele estivesse ali para analisá-las e elas tivessem a obrigação de impressioná-lo.

Já tive uma paciente, Mônica, que tinha um hábito arraigado de agradar as pessoas. Ela tinha uma dificuldade enorme em dizer "não". Geralmente, pessoas com esse perfil evitam conflitos — o que nós, psicólogos, chamamos de "comportamento evitativo", que já mencionei anteriormente. O problema era que, sempre que Mônica aceitava algo que na realidade não queria, dizia "não" para si mesma, passando por cima dos seus limites, mesmo que não tivesse consciência disso. Meu trabalho com ela foi conscientizá-la desse processo. Com o tempo, usamos experiências cotidianas dela para fortalecer seus limites. Propus à Mônica que, em vez de dizer "sim" a algo que não queria, que postergasse e respondesse algo como "posso pensar e te responder depois?". Ou, quando um cara fazia um convite para comer algo que ela não gostava, que sugerisse algo como "você tem outra opção?". Para a pessoa com esse perfil, não adianta sugerir que ela diga "não", pois ela não consegue fazê-lo, então é necessário ir aos poucos. Muitas vezes, vale a pena começar a impor limites com membros da família, depois ir expandindo as habilidades com paqueras e até mesmo estranhos.

Voltando para a situação do primeiro encontro, essa crença de que é o homem quem avalia e decide ainda é muito enraizada em algumas mulheres. Na verdade, ambos estão ali para conquistar um ao outro, mas a mulher é submetida a essa pressão de que precisa seduzi-lo o tempo inteiro. Trata-se de uma percepção equivocada e desbalanceada. Quando está na mesa com a outra pessoa, você tem de seduzir e conquistar ao mesmo tempo que tem, sim, de ser seduzida e conquistada também pelo outro. É imprescindível existir um esforço das duas partes, mas o problema é que a mulher carrega muito mais esse peso, pois na nossa cultura o homem é considerado como "caçador e conquistador", ou seja, a parte que decide se a mulher está aprovada ou rejeitada. Porque, geralmente, é ele quem convida (ou não) para um segundo encontro. É uma dinâmica na qual o poder normalmente fica nas mãos dele, e não na das mulheres.

Isso não significa, de forma alguma, que nenhuma mulher recuse um segundo encontro ou que todas ficam à mercê do homem. Todavia, na maioria dos casos, as mulheres só recusam o segundo encontro se o primeiro for catastrófico ou muito sem graça, tal como uma paciente me relatou. Ela deu um perdido no cara porque ele passou o jantar inteiro falando mal das ex-namoradas.

Além disso, existe outro fator sobre o qual as mulheres ficam em dúvida: será que devem fazer sexo no primeiro encontro ou não? A verdade é que não existe uma regra, mas muitas vezes os homens transam e somem, e isso pode acontecer por dois motivos — o primeiro deles é que tudo que ele queria era só sexo e, ao consegui-lo, o homem simplesmente desaparece, confirmando que era apenas isso que ele buscava. O segundo motivo é que, ao transar com a mulher, ele perde o interesse que poderia ter sido desenvolvido antes do sexo.

Não existe certo e errado; você deve fazer o que achar melhor em cada situação. Porém, uma coisa é estatisticamente mais provável: ao se postergar o sexo, ganha-se a possibilidade de o cara se interessar por você além da transa.[2] E por que isso? Porque vivemos em uma sociedade machista, na qual muitos homens ainda avaliam a mulher por esses critérios. Para muitos homens machistas, após transarem com uma mulher no primeiro encontro, eles saem falando que ela "não é uma mulher de valor". Isso é uma contradição, porque sexo era exatamente o que ele queria.

No entanto, existe também um terceiro fator. Quando se posterga o sexo, aumentam-se as chances de ele ficar muito melhor, pois haverá mais intimidade e entrega. Ambos se sentem mais à vontade. Mas não é uma regra. Ao deixar o sexo para depois, se houver química e interesse de ambos, a tensão sexual aumenta e atiça o interesse da pessoa.

O machismo perpetua-se na nossa sociedade e cria padrões rígidos de comportamento, especialmente relacionados ao sexo. O homem tende a ser elogiado por suas conquistas sexuais, ao passo que mulheres são julgadas e desvalorizadas. Isso se chama duplo padrão sexual e se refere a uma avaliação desigual do comportamento sexual de homens e mulheres, em que a ideia de o homem ter múltiplas parceiras é mais aceito — e até encorajado —, enquanto a mulher é estigmatizada e criticada por isso. Uma pesquisa realizada por Conley e colaboradores no *Journal of Sex Research* demonstrou que o homem tende a julgar negativamente a mulher por quem está interessado, caso tenha tido sexo casual com ela, por mais que ele buscasse justamente isso.[3]

O mais curioso é que viver sob preceitos machistas não é exclusivo dos homens. Existem muitas mulheres que criticam as outras por não seguirem certos padrões sexuais. Já cansei de ler comentários nas redes sociais de mulheres dizendo coisas como: "Uma mulher de valor não dorme de primeira com um homem". Podemos observar isso facilmente em páginas retrógradas nas redes sociais, com discursos enaltecendo e defendendo o patriarcado. Se soubessem que o patriarcado é justamente uma forma de controle da sexualidade feminina, talvez pensassem duas vezes antes de propagar como as mulheres deveriam se comportar. Mas, como já diria Simone de Beauvoir: "O opressor não seria tão forte se não tivesse cúmplices entre os próprios oprimidos".[4]

O problema é que a propagação desse conceito só perpetua o julgamento da mulher que age conforme seus desejos, assim como o homem faz sem ser julgado na mesma medida. Essas crenças e normas existem mesmo quando as pessoas não têm consciência delas. E é aí que mora o perigo. Sempre que atendo uma mulher que defende o patriarcado, respeito a sua vontade, mas pergunto:

— Você sabe das consequências dessa crença e do impacto dela na sua própria liberdade? Pois tudo tem um preço...

Um relatório chamado Índice de Normas Sociais de Gênero (GSNI), publicado pelo Programa das Nações Unidas para o Desenvolvimento (PNUD), demonstrou que cerca de 90% das pessoas, independentemente de seu gênero, possuem crenças machistas, ainda que de modo inconsciente. Isso demonstra o quanto a cultura e as normas sociais permeiam o machismo nas pessoas, mesmo que não tenham plena ciência disso.[5]

No final das contas, o melhor é fazer o que você deseja. Dane--se o que o outro vai pensar. Se for um cara machista, é menos um para você perder seu tempo.

IMPREVISIBILIDADE, INCERTEZAS E IDEALIZAÇÃO

Já se perguntou por que idealizamos as pessoas? Isso acontece porque não temos informações suficientes sobre a outra pessoa, então, em um primeiro momento, preenchemos as lacunas com o que gostaríamos de encontrar no outro. É como se tivéssemos uma tela em branco e a pintássemos conforme nossa vontade. O problema é que a tela não está em branco. Quando a outra pessoa não corresponde à nossa idealização, isso gera frustração por causa da discrepância entre expectativa e realidade. Em psicologia, isso se chama dissonância cognitiva, ou seja, quando nossas crenças entram em conflito com a realidade.

Um estudo conduzido por McNulty e Karney[6] demonstrou que, ao entrar em um relacionamento, sendo que você está idealizando muito e com a expectativa muito alta, a probabilidade de você se frustrar é grande. Isso não significa que você não deva nutrir expectativas elevadas, no entanto, antes de você alimentá-las, é melhor avaliar se a pessoa desejada corresponde minimamente ao que você idealizou dela. Caso exista uma discrepância muito grande entre o homem idealizado e quem de fato ele é, haverá frustração, e ela joga você no chão. A frustração faz com que você volte para casa e pense: "Não vou mais sair. Não vale a pena. Sempre me decepciono, é um desgaste emocional enorme".

Para diminuir as chances de se frustrar, não precisamos ser pessimistas ou diminuir as expectativas, senão nem vale a pena sair de casa. Mas temos de cultivar a flexibilidade cognitiva, que é a capacidade de adaptar nossas crenças à medida que conhecemos o outro. Dessa forma, diminuímos nossas decepções.

Uma paciente minha, Cibele, estava divorciada há alguns meses e se sentia pronta para sair com outras pessoas. Ela já havia saído com dois pretendentes pelos quais não se interessou. No entanto, certo dia conheceu um cara em um aplicativo de relacionamento. Ele trabalhava no mercado financeiro e parecia interessante. Os dois saíram, mas ele só falava de si e ainda ficou se gabando durante o jantar todo sobre como era bem-sucedido nos negócios. (Sabe aquele cara que não faz uma pergunta para você durante um encontro e age como se só tivesse interesse em si mesmo?) Ao término do jantar, ele pediu que embrulhassem o restante da comida para viagem e pediu à Cibele uma carona para ir embora. Segundo ela, a cena de vê-lo encolhido com a marmita no colo foi o suficiente para que ela perdesse o pouco de interesse restante no cara. Quando ele tentou beijá-la, Cibele disse que foi desastroso, já que ela não estava a fim. No fim das contas, ela o excluiu de seus contatos.

Mas o que aconteceu com Cibele? Ela estava casada havia nove anos e aquele foi o terceiro homem com quem ela saiu depois do divórcio. Havia meses que estava sem transar, sem se sentir desejada. Ela tinha a expectativa de ir para um encontro em que fosse escutada, validada e desejada, já que não encontrava nenhuma dessas coisas em seu casamento. Nada disso aconteceu, e a frustração foi tão grande que ela me confidenciou que ia desistir. Eu respondi a Cibele o que digo a todas as minhas pacientes que se decepcionam:

— O mundo está cheio de pessoas medíocres. Sua missão é filtrar quem vale a pena e quem não vale, mas, para isso, você tem de passar por essas experiências, não tem jeito. Ganha quem tem mais tolerância à frustração.

Hoje em dia, Cibele voltou a namorar. Mas, aparentemente, fez uma escolha ruim e não sabe como sair do relacionamento, pois ele sempre chora quando ela toca no assunto. Por isso, ela voltou para a terapia. Nem sempre as histórias acabam em finais felizes.

Já se perguntou por que ficamos tão interessados e até obcecados por uma pessoa que estamos conhecendo? Como comentei anteriormente, esse interesse todo se deve à incerteza e à imprevisibilidade. A incerteza de se a pessoa vai chamá-la para sair, se vai aparecer, se está interessada; e a imprevisibilidade de quando ele vai convidá-la para um encontro ou mandar mensagem. Esses dois fatores ativam áreas cerebrais ligadas ao sistema de recompensa, onde a dopamina é liberada. Muito se fala na dopamina como a molécula do prazer, mas na verdade ela está muito mais associada à expectativa da recompensa (conforme estudos feitos por Schultz, em 2015).[7] Pense nela como a *motivação* para ir atrás da recompensa ou esperar por ela. Quando o cara aparece e manda mensagem para você, o seu corpo libera dopamina; quando ele desaparece momentaneamente e a deixa na expectativa de reaparecer, também há liberação de dopamina, o que provoca certa fixação na outra pessoa — algo que pode até mesmo virar uma obsessão, esperando a próxima *dose de dopamina*. Quanto mais imprevisível for a pessoa com quem você está saindo, maior é a chance de você ficar obcecada por ela. Inclusive, muitos pesquisadores, como Helen Fisher,[8] sugerem que o amor romântico e o vício em drogas compartilham circuitos neurais semelhantes. No contexto de relacionamentos amorosos, quando a pessoa não sabe quando o outro vai reaparecer e lhe enviar uma mensagem de texto, ou seja, quando tem incerteza, o cérebro fica em um estado de alerta e expectativa, como citado anteriormente. Então, assim como um adicto anseia pela droga, a pessoa emocionalmente envolvida fica ansiosa pelo próximo contato com a pessoa desejada. Isso pode até gerar comportamentos compulsivos, como ficar checando o celular para ver se recebeu alguma mensagem, entrar excessivamente nas redes sociais da outra pessoa para ver onde ela está ou com quem está, ou ficar falando constantemente dela para as amigas. Ou seja, a obsessão romântica pode prender uma pessoa em um ciclo viciante de desejo, recompensa e, muitas vezes, de frustração, dependência emocional e física, abstinência e recaída.[9]

Por mais que a incerteza e a imprevisibilidade sejam elementos inerentes à fase inicial dos relacionamentos, elas podem exercer impacto negativo na sua saúde mental, principalmente se você já for ansiosa. O estresse pode aumentar, você pode ter taquicardia, insônia, episódios de ruminação (quando você não consegue parar de pensar em um assunto), por exemplo, buscar sinais de interesse ou desinteresse e ficar com medo de uma possível rejeição. Tudo isso deixa você em constante estado de alerta. Além disso, a incerteza e a imprevisibilidade podem afetar sua autoestima, fazendo com que você comece a achar que falta algo em você.

Você pode estar se perguntando: "Como sair desse ciclo vicioso?". A minha resposta é: assumindo o controle. A melhor forma de reduzir os efeitos negativos da incerteza e da imprevisibilidade é tomar a dianteira da situação. Isso envolve mudar a dinâmica de poder na relação, onde o homem, culturalmente, é quem decide quando e se vai chamá-la para sair, para uma dinâmica mais equilibrada, em que você alterna essa posição com ele. Se você quer sair com o cara que está conhecendo, mas ele não a chama para sair, deixando você ansiosa e fixada nele, tome você a atitude e faça o convite. Assuma o controle. É claro que é necessário um equilíbrio nessa dinâmica, até porque muitas mulheres interpretam o convite do homem como validação do interesse dele.

Até aqui você já deve ter entendido — ou se assustado — a complexidade que é conhecer e se relacionar com outras pessoas. A seguir, vamos falar de um comportamento que quase todos já vivenciaram.

11

GHOSTING: ELE SUMIU. O QUE FAZER?

"Desaparecer e ficar curtindo suas fotos não é sinal de interesse!"

— Já sofri isso algumas vezes, mas da última vez eu estava completamente envolvida, Thomas. Tinha saído seis vezes com o cara, ele conhecia minhas filhas, tinha vindo à minha casa. Daí, do nada, ele, que mandava bom-dia e dava notícias, simplesmente sumiu. Fiquei com uma sensação do tipo "o que está acontecendo? O que eu fiz de errado?".

Esse é o grande questionamento das mulheres que sofrem ghosting: "O que fiz de errado? Será que a culpa é minha?". As coisas estavam indo bem, havia conexão, mas aí o cara some sem qualquer justificativa. Não é uma ação que tem coerência. O questionamento de "por que o cara sumiu?" permanece angustiando a pessoa, que não tem respostas para a sua pergunta. Esse é o lado mais sombrio do ghosting: a ausência de respostas e esclarecimentos.

Mas por que ela está sem respostas? Muitas vezes, quando a pessoa some, a pessoa abandonada não tenta descobrir o motivo, porque passa a impressão de que está se rebaixando e mendigando afeto. Muitas pacientes me dizem que já estão até acostumadas com isso.

Se você já passou por uma situação de ghosting, observe uma coisa: o que acontece quando o cara age assim? Você fica com a ansiedade nas alturas, esperando que ele reapareça. A pergunta é: por quanto tempo você vai ficar nessa expectativa? Porque o tempo que permanecer na expectativa é o tempo em que vai ficar sofrendo.

Esse é um problema recorrente das relações heterossexuais: a mulher passa toda a dinâmica de poder para o homem, como se ele fosse o único com o poder de escolher e lhe dar o privilégio de sair com ele. O pior de tudo é que você fica na expectativa de ele reaparecer sem ter qualquer previsibilidade de quando isso vai acontecer, e isso a coloca em uma posição de passividade. Afinal, é você quem espera esse "ser divino" dar as caras e lhe fornecer o privilégio da sua companhia, talvez até com um "oi, sumida". Já tive pacientes que chegaram a precisar de ansiolíticos por causa disso.

E o que você pode fazer? Assumir o controle, por exemplo, mandando mensagem.

Certa vez, uma paciente me disse:

— Mas não vou estar colocando-o contra a parede, como se fosse uma cobrança?

E a minha resposta foi:

— Depende da mensagem.

Por que não escrever assim: "Olha, a gente estava ficando havia um tempinho, estava tão gostoso, mas reparei que você deu uma afastada. Só queria entender se a minha interpretação está correta ou se é algo da minha cabeça"?

Também já vi casos em que a paciente disse "o cara sumiu", mas fazia apenas um dia que ele estava sem responder. Nesse caso, temos um agravante, que é o fato de vivermos em uma sociedade imediatista, em que frases extremistas como "se ele ficar quatro horas sem responder, é porque ele não prioriza você" ecoa como uma verdade a ser seguida e repetida. Mas posso ser sincero? Você não é mesmo prioridade dele, e não tem que ser prioridade logo no começo. Você ainda não chegou lá. Os dois estão apenas se conhecendo. Nutrir essa expectativa de ser o centro da vida de outra pessoa em tão pouco tempo é pedir para se frustrar. Só que, quando esse período de sumiço se estende para uma semana, a minha pergunta é: "Por quanto tempo mais você vai ficar esperando?".

A melhor forma de lidar com essa situação é continuar vivendo sua vida, marcar programas com amigas e amigos, independentemente de a outra pessoa aparecer ou não. Dessa forma, você evita entrar em um ciclo obsessivo de pensamento, tentando entender o motivo do desaparecimento da outra pessoa. O que mais protege alguém da frustração no início dos relacionamentos é ter uma vida rica de experiências, porque, se sua vida for desinteressante, você vai colocar uma expectativa enorme em outra pessoa para resgatá-la.

Uma paciente, Yasmin, estava ficando com um cara fazia pouco mais de um mês. Era uma relação intensa, os dois se viam de três a quatro vezes por semana, ambos já tinham conhecido os amigos um do outro. Tinham sinergia e conexão verdadeira. Só que, em determinado fim de semana, ele ficou ríspido com Yasmin. Ela chegou à terapia se sentindo péssima, dizendo:

— Acabou, estou morrendo!

Eu respondi:

— Primeiro que não acabou nada. Um evento não pode reduzir a relação de vocês.

Antes de tirar conclusões precipitadas, precisávamos de evidências sobre o que de fato tinha acontecido. Caso contrário, ela ficaria criando mil teorias na cabeça. E todo comportamento dele indicava que ele estava conectado e, possivelmente, apaixonado por ela.

— Que tal mandar uma mensagem para ele dizendo como ele fez você se sentir no fim de semana? — Yasmin recuou. Tinha medo de colocar pressão na relação. Eu insisti: — Como você se sentiu quando ele te tratou daquela forma?

— Me senti desvalorizada. Mas não posso mandar uma mensagem cobrando agora. É ele quem precisa fazer esse movimento — disse, convicta.

Pedi que Yasmin enviasse uma mensagem sem cobrar nada, mas dizendo como ele a tinha feito se sentir, para que ele soubesse que ela não iria mais admitir aquilo.

Então, ela mandou uma mensagem dizendo o seguinte: "Quando saímos, você foi ríspido comigo, eu me senti desrespeitada, senti que você estava fugindo de mim. Quando peguei um táxi para voltar para casa, você não me mandou mensagem perguntando se cheguei bem. Não estou entendendo muito bem o que está acontecendo, mas eu queria te dar o benefício da dúvida e escutar o seu lado".

Para a surpresa de Yasmin, ele respondeu que gostava muito dela, mas que estava se envolvendo demais e precisaria se afastar, porque ele queria ser pai e ela não queria ser mãe novamente, pois já tinha um filho. Veja bem a situação: em momento algum isso tinha sido comunicado a ela. Yasmin estava sofrendo sem saber o motivo pelo qual o pretendente sumiu. É esse tipo de incoerência dos comportamentos que nos faz sofrer mais. Ou seja, ele demonstrava estar apaixonado, mas "do nada" ficou frio. Não fazia sentido. Havia um dilema aí: de um lado, o cara estava vivendo o começo de um grande amor, mas não poderia realizar com Yasmin seu maior sonho, o de ser pai. Do outro lado, o homem teria de abrir mão desse amor e encontrar alguém que quisesse formar uma família.

Na nossa sessão, Yasmin me comunicou uma questão em que estava pensando:

— Thomas, estou pensando em remover o DIU (dispositivo intrauterino).

Perguntei a ela:

— Então você está me dizendo que existe a possibilidade de terem um filho juntos? Você está mesmo disposta a isso?

Ela fez sinal afirmativo com a cabeça. Aí ela mandou uma segunda mensagem, chamando-o para baterem um papo, justamente com estas palavras, para não parecer que ela queria discutir a relação. O papel de Yasmin naquele momento não era convencê-lo a nada, e sim justamente fazê-lo entender que existia uma possibilidade de estarem juntos.

Por isso sempre digo: mande mensagem, porque o pior que pode acontecer é o cara não responder. Dessa forma, ao assumir o controle, o sofrimento tem prazo de validade determinado, com o qual é possível lidar, não é mesmo? O pior sofrimento é aquele que tem prazo indeterminado. Se puder evitá-lo, é melhor para você.

No caso de Yasmin, no fim, ela decidiu mesmo que preferia não ter mais filhos. E tudo bem. É até bem comum de isso acontecer. No desespero de "perder" alguém com quem você está se envolvendo, as pessoas flexibilizam suas crenças e dizem coisas sem pensar. No entanto, após mais um tempo de reflexão, elas reavaliam seus objetivos e chegam à conclusão de que estavam sendo precipitadas.

Meu papel como psicólogo é perceber que nem sempre o que sai da boca das pessoas representa sua real vontade. O contexto, a pressão, o desespero e o medo de "perder" uma pessoa fazem com que as pacientes digam, no calor da emoção, o que o outro quer escutar. É um processo interessante, pois as pessoas tentam se convencer, e para isso se empenham em criar uma narrativa coerente para embasar sua decisão. No caso de Yasmin, foi:

— Meu filho já vai sair de casa, se tornar independente, vou ficar sozinha, seria bom ter mais um... — Entretanto, semanas depois, ela retornou dizendo: — Eu amo minha liberdade, não quero abrir mão disso de novo. Não sei onde estava com a cabeça quando cogitei ter outro filho.

Existe outro caso frequente nas minhas sessões: quando os homens desaparecem, mas ficam curtindo stories nas redes sociais, orbitando a mulher em quem fizeram ghosting. O primeiro motivo para eles fazerem isso é que a pessoa pode ser um plano B, que ele não quer perder. Ele quer manter um "contatinho", frequentemente por causa de seu ego. Mas note: temos uma escala nessa situação. Uma coisa é ele ver os seus stories, e se ele só viu, pode não significar absolutamente nada. Você passou no feed dele e ele viu, porque, conforme ele assiste aos seus stories, o algoritmo entrega a ele como algo relevante. Só que, se esse homem deixa uma curtida, um coração, um foguinho, o significado é outro — e que pode deixar a mulher ainda mais confusa. O cara não sabe se quer, e simplesmente fica ali mantendo a mulher na "prateleira". Isso poderia facilmente se enquadrar numa manipulação.

Mas uma coisa é certa: ele não está interessado em um relacionamento. Um homem interessado de verdade em você a convida para sair, e a única métrica de interesse que existe é essa. Ver stories, curtir, mandar foguinho: isso tudo não importa. Senão, a tendência é que se criem narrativas na sua cabeça. "Será que ele não tem coragem de me chamar para sair?", algumas mulheres me perguntam quando são bombardeadas por emojis nas redes sociais.

Outro ponto importante é quando um homem some do mapa, e em reação a isso, a mulher envia, um mês depois, uma mensagem aleatória à noite para chamá-lo para sair. Esse tipo de atitude costuma ser interpretada como sinal de interesse para sexo casual. E, com isso, pode ser que o homem rotule você como "caso para apenas uma noite". Neste exemplo, esse desdobramento pode acontecer porque a mulher já sabe que o cara não está interessado em um relacionamento e mesmo assim o chama para sair. Já dá para imaginar que o relacionamento não vai se prolongar para além daquela noite. O inverso também pode acontecer: o cara some e volta do nada chamando-a para sair. Eles saem, passam a noite juntos e... surpresa! Ele some novamente.

Se você não está sendo correspondida, é um sinal de que ele não quer você. Mas existe a crença de que, ao insistir, podemos receber o que queremos, que é possível "ganhar a outra pessoa por meio da insistência". Contudo, sabe o que acontece na vida real? A insistência pode causar repulsa e mostrar à pessoa que você não tem amor-próprio. Quando o cara desaparece só para voltar tempos depois em busca de uma transa, e consegue o que quer (mesmo você querendo mais do que apenas uma transa), ele a categoriza como "fácil", alguém para quem ele pode ligar quando estiver entediado ou só a fim de sexo sem compromisso. "Fácil" também pode ser sinônimo de uma pessoa que não impõe limites, que se submete a situações de humilhação por falta de autovalor, ou seja, uma pessoa que não percebe tudo de positivo que traz consigo em um relacionamento e permite que o outro a desmereça e desvalorize por conta disso. Quando você aceita ser colocada nessa situação — de ser o plano B de outra pessoa —, abre mão de conhecer alguém que a valorize de verdade. Então, para evitar ser segunda opção de outra pessoa, o primeiro passo é compreender que você não precisa de migalhas. Você merece muito mais do que isso.

Ainda sobre ghosting, existe o tema da **RESPONSABILIDADE AFETIVA**. Conheci uma mulher que estava saindo com um cara fazia alguns meses. Ela tinha passado o Natal e Ano-Novo com ele, viajando juntos. Ele comentou que tinha vontade de pedi-la em casamento, fazendo planos para o futuro. Sem qualquer responsabilidade afetiva com ela, quando voltaram para a cidade deles, o cara sumiu.

> **RESPONSABILIDADE AFETIVA**
> É ter consciência de que suas atitudes podem gerar impacto emocional na outra pessoa. Isso significa ser claro e honesto com ela para que não se crie expectativa em algo que nunca vai acontecer. É ter empatia e consideração, em vez de pensar somente em si e em preencher uma satisfação sua, sem se importar com os impactos das suas ações na outra pessoa.

A responsabilidade afetiva passa a existir quando você alimenta as expectativas do outro. Por quê? Porque existe a sua expectativa e a expectativa encorajada pela outra pessoa. A partir do momento em que se alimenta a expectativa do outro, você precisa saber que poderá causar sofrimento se sumir "do nada". A responsabilidade afetiva surge quando o outro alimenta expectativas, sonhos e planos sobre um relacionamento com você.

Este é um tema controverso, porque, se você saiu com um cara apenas uma vez, ele não tem responsabilidade afetiva com você, nem você com ele, pois vocês nem se conhecem, então não houve criação de vínculo o suficiente para gerar responsabilidade afetiva um com o outro. Não confunda "consideração" com "responsabilidade afetiva". São duas coisas completamente distintas. O primeiro encontro pode não significar absolutamente nada.

Se ele sumir depois de apenas um encontro, encare o fato de que ele não se interessou por você. Simples assim. Dói, eu sei, mas não é o interesse do homem que define o seu valor. Você é muito mais do que isso. Deixe que outra pessoa aprecie o que esse tolo perdeu.

12

O QUE VOCÊ QUER E BUSCA EM UM RELACIONAMENTO?

> "Quem não sabe o que quer,
> aceita qualquer coisa —
> e depois culpa o universo."

Já se perguntou o que você busca em uma outra pessoa? Poucas vezes nos fazemos esta pergunta, porque a achamos óbvia demais. E, assim, não paramos para refletir sobre o que exatamente queremos.

Sempre que uma seguidora me envia uma pergunta do tipo "onde encontro um homem de valor?", eu questiono: "O que é um homem de valor para você?". Quais são os critérios que essas mulheres usam para avaliar se os pretendentes são "homens de valor"? Enquanto algumas mulheres dizem "quero um parceiro ligado a Deus", outras atribuem o "valor" à masculinidade, à proatividade e à capacidade de prover. Portanto, a primeira pergunta que você deve fazer a si mesma é: quais são as características e qualidades da pessoa que *você* busca?

Você pode estar à procura de um homem ambicioso, culto ou que busque cultura, que goste de ler, seja saudável, goste de exercícios físicos e de viajar. Vamos supor que este seja o seu objetivo. Depois que você fizer a sua lista das características que são importantes no homem ideal, qual é o próximo passo? Pesar a importância de cada característica.

Suponhamos que na sua lista tenha o item "beleza". Quão relevante é essa característica dentro da sua lista de atributos? É mais importante que o homem seja bonito do que ambicioso ou culto? Se a resposta é "não", já é possível determinar o peso de

155

cada característica. Dessa forma, você já sabe do que abriria mão. O que é negociável e o que é inegociável.

Essa sugestão pode parecer besteira ou algo trivial, mas não é. Nosso cérebro foca aquilo que buscamos, como se tivesse uma luneta. Isso chama-se **ATENÇÃO SELETIVA**. Estabelecer metas e saber o que você busca são ações que ativam circuitos de atenção no cérebro, aumentando a capacidade de filtrar distrações e focar oportunidades. Um exemplo disso é quando você está pensando em comprar algo, como um carro específico, e começa a vê-lo na rua o tempo inteiro. Esse é o efeito do seu cérebro focando o que você deseja. Mas, se você não sabe o que quer, seu cérebro fica disperso e vê qualquer pessoa como possível candidato, pois não recebeu "instruções" sobre as características que busca.[1]

> **ATENÇÃO SELETIVA**
> Está relacionada à nossa percepção de mundo. Nosso cérebro não registra tudo que acontece, ele foca aquilo que é relevante no momento. Por exemplo: se você acredita que "ninguém mais quer relacionamento sério", seu cérebro tenderá a reforçar esse pensamento, ignorando sinais contrários. Por isso, ter clareza e intenção sobre o que você busca e direcionar sua atenção para isso pode mudar completamente sua percepção e, consequentemente, fazer você enxergar oportunidades alinhadas com o que deseja.

O problema disso é que as chances de você se frustrar aumentam significativamente, porque a lista é sua peneira — ou melhor, seu funil —, em que você separa o que quer de todo o resto. É esse "resto" que faz você perder seu tempo. Então "peneirar" é a primeira etapa. A segunda etapa é um pouco mais difícil, porque envolve uma pergunta cuja resposta temos de encarar: "E eu? Será que tenho isso tudo a oferecer?". Porque, se almeja ter um homem inteligente e culto, é provável que ele valorize os mesmos atributos em uma companheira. Você quer um homem com conversas profundas, beleza. Mas você também tem esse atributo a oferecer?

Logo, não adianta mirarmos no ideal perfeito se não levarmos em consideração o que nós oferecemos em um relacionamento. Às vezes, não precisam nem ser as mesmas qualidades, mas elas precisam ser complementares, já que algumas características casam muito bem.

Outro aspecto crucial é avaliar se vocês têm compatibilidades no quesito estilo de vida. Se uma mulher gosta de correr e fazer exercícios, provavelmente não tem o perfil de sair aos fins de semana para beber a madrugada toda, ou fumar. Logo, se ela quer encontrar um parceiro que goste de beber, seja fumante e sedentário, não existe sequer um alinhamento na rotina a dois.

E qual o ponto negativo disso, em relação ao casal?

Quando o estilo de vida das duas partes é muito dissonante entre si, um dos dois tende a ficar frustrado. O curioso é que, muitas vezes, para nos aproximarmos mais do outro, flexibilizamos nosso estilo de vida e fazemos concessões que jamais faríamos. Então, se uma esportista se relaciona com um homem que gosta de beber muito e sair nas madrugadas, ela tende a abrir mão do estilo de vida saudável que aprecia — e que é algo que requer mais esforço do que sair para beber — a fim de assumir um estilo de vida mais cômodo e fácil. Isso acontece aos poucos, sem você perceber. Começa-se fazendo concessões aqui e ali, moldando-se ao estilo de vida confortável do parceiro, que requer menos fricção, em um dia, depois em outro... e, quando você percebe, é possível que tenha abandonado por completo o estilo de vida que aprecia de verdade. É mais comum isso acontecer do que o contrário.

O estilo de vida saudável requer esforço diário, então, para entrar em um estilo de vida não saudável, o que devemos fazer? Nos esforçar menos. Por outro lado, para o parceiro se encaixar no estilo de vida saudável, o que ele precisa fazer? Se esforçar mais.

Aqui estamos falando de hábitos simples, mas temos outras variáveis a serem levadas em consideração.

Em uma relação, é necessário fazer concessões, já que, quando nos relacionamos, somos dois e não apenas um indivíduo. Só que existem coisas que são inegociáveis. Se você tem um determinado objetivo de vida, como morar em outro país ou fazer uma pós-graduação, mas encontra como obstáculo o próprio relacionamento romântico, isso impacta diretamente na realização daquilo que era seu objetivo. Você não deveria abrir mão disso, porque relacionamentos podem não dar certo e, com isso, você perde não só a outra pessoa, mas também aquilo que desejava antes da relação. O ideal seria tentar conciliar o seu objetivo de vida com o relacionamento, sem precisar renunciar a um deles. Mas nem sempre isso é possível, eu sei.

Infelizmente, são frequentes as situações em que a mulher abre mão dos próprios sonhos para permitir que o homem vá atrás do seu. Em um passado não tão distante, a mulher cuidava de todos os aspectos da vida do homem (casa, comida e roupa lavada, por exemplo), dando espaço para o marido perseguir os seus sonhos. Com isso, ela entrava como coadjuvante da vida do homem, sem levar em consideração o que ela mesma desejava para si. Hoje, as mulheres têm voz e vêm conquistando cada vez mais espaço para expressar os próprios desejos e sonhos. Apesar disso, quando começam a se relacionar, muitas mulheres largam mão de tudo, inclusive suas carreiras e desejos, para que o relacionamento dê certo. Parece retrógrado — e é —, mas isso ainda ocorre até os dias de hoje.

Atendi uma mulher que abandonou tudo para morar na Itália com o namorado. Lá, ela ficou completamente dependente dele, tanto financeira quanto emocionalmente, pois é isso que acontece quando você larga mão da sua individualidade para acompanhar a vida de outra pessoa. Ela tomou essa atitude porque queria constituir uma família com ele e acreditava que abrir mão de suas relações pessoais, independência financeira e carreira era um preço justo a ser pago.

Sabe o que aconteceu? Ela descobriu diversas traições e o mundo dela desabou.

Por isso, temos de saber o que é essencial em nossa vida e tomar cuidado para não apostarmos tão alto assim. Não existe aposta mais arriscada do que deixar sua vida de lado, seus sonhos e planos pessoais, e depositar todas as suas esperanças na mão de outra pessoa. Pode ser que dê certo, porém, se não der, você perde tudo.

Sempre alerto minhas pacientes para o perigo de renunciar à própria independência financeira. É uma das situações de maior vulnerabilidade em que você pode se colocar. E aqui retorna a questão da importância de ter sua lista de características prioritárias em seu parceiro. Quando você tem essa lista e dá o devido peso para cada item, consegue entender os aspectos inegociáveis, que devem ser alocados como prioridade.

O problema é que nós, humanos, tendemos a funcionar nos extremos opostos. Quando não encontramos alguém com as características exatas que buscamos, das duas uma: ou baixamos os critérios e entramos em qualquer relacionamento — só para suprir carência, solidão e vazio emocional — ou vamos para o oposto, que é: "Sou muito criteriosa e todas as características da minha lista são prioridade número um. Então, para entrar na minha vida, o cara precisa ser ótimo em todas elas".

Precisamos encontrar um equilíbrio e entender que é altamente improvável encontrarmos uma pessoa que atenda 100% das nossas expectativas. É impossível preencher todos os itens da checklist ideal. Por isso, devemos ter esse sistema de pesagem dos itens da lista: para saber o que é mais importante e aquilo de que podemos abdicar. Em meus atendimentos, reparei que uma característica parece ter mais relevância do que qualquer outra: a disposição do outro em crescer junto. Trata-se de uma característica que deveria ser inegociável para qualquer pessoa. Porque o que mais atendo são mulheres com relacionamentos duradouros, mas que estão frustradas, porque os homens estão estagnados na vida, ao passo que elas permanecem em desenvolvimento constante. Percebe-se a indisponibilidade dos companheiros em fazer o mesmo movimento. Muitas já cansaram de falar e até incentivar o parceiro a se movimentar, a lutar por si e buscar evoluir. Tenho uma paciente, por exemplo, que me contou envergonhada que o namorado nunca leu um livro. Ela reclama que eles não têm assuntos em comum, que ele só fica no celular.

Ao mesmo tempo, muitas mulheres começam a relação acreditando que irão "mudar" o parceiro. Quando ele não muda, o discurso dele é "quando você me conheceu eu já era assim. Foi você que mudou". E que bom que ela mudou. Imagina só estar num relacionamento com uma pessoa que é a mesma há dez anos. Esse é o maior indicativo de que ela ficou parada no tempo e não evoluiu.

Mas nem toda mudança é para melhor.

Vejo três tipos de mudança em uma relação: o primeiro tipo é a mudança lateral, ou seja, quando você deseja que a pessoa mude alguma coisa — um detalhe ou comportamento —, mas a pessoa não irá crescer nada, porque se trata de uma mudança superficial. O segundo tipo é a mudança para o outro crescer: quando ele continua sendo ele mesmo, mas será uma versão "melhor" ainda. E, por último, existe a transformação, que é quando você deseja transformar a outra pessoa. Transformar em quê? Em quem você gostaria que ele fosse. Muitas mulheres adentram uma relação acreditando que o parceiro irá se transformar na pessoa que ela gostaria que ele fosse — e muitas vezes tal expectativa sequer é verbalizada: fica apenas na mente dela. Precisamos entender que a mudança pode ocorrer, contanto que seja para melhorar o relacionamento para ambos. Querer transformar o outro em algo que gostaríamos que ele fosse não é uma expectativa realista.

Se você deseja que o seu companheiro ou pretendente mude comportamentos que a incomodam, isso é mais factível do que querer mudar toda a personalidade da pessoa, quem ela é, a essência dela. Mudar comportamentos de ambos os lados visando uma convivência mais harmoniosa entre o casal é recomendável e só traz benefícios. Esta é a distinção mais importante sobre mudanças.

Caso sinta o ímpeto de transformar o outro, você provavelmente fez uma escolha errada em termos de parceiro. Todavia, como vocês já estão juntos mesmo, pode parecer mais fácil você querer transformá-lo do que aceitá-lo ou terminar com ele. E aí se perpetua a dificuldade em admitir que fez uma escolha errada no quesito companheiro. Pode até acontecer de eventualmente uma pessoa conseguir mudar a outra, mas, quando o outro repara que está perdendo a própria identidade, é mais do que justificado que queira dar um basta na situação.

Existem casais que despertam para a realidade em determinados momentos e percebem que não vão abrir mão de quem são, da sua essência, somente para agradar o outro. Talvez esse seja o aspecto mais difícil de identificar dentro da relação: saber quando a mudança proposta (ou até mesmo imposta) prejudica você. Ou melhor, entender o custo de mudar determinados comportamentos somente para agradar o outro. Temos de ter essa consciência, caso contrário, corremos o risco de mudar nossa essência e identidade ou de exigir a mudança da essência e identidade da outra pessoa, já que isso pode se tornar um hábito.

Menciono a possibilidade de virar um hábito, porque já atendi mulheres que sistematicamente faziam seleções ruins na busca por um parceiro, depois tentavam transformá-lo em outra coisa. Como estavam acostumadas a isso, paravam de prestar atenção à etapa mais importante: a de seleção.

Outro problema que leva uma pessoa a escolher um parceiro equivocado é interpretar química, paixão ou intensidade como motivos para construir uma vida juntos. Por impulso, acabam se envolvendo com homens que não têm qualquer atributo de sua lista. Um relacionamento assim está fadado a dar errado, porque os parceiros não são selecionados levando em consideração as características inegociáveis, e sim o que você sente por ele. As emoções nem sempre nos fazem tomar as melhores decisões. Pelo contrário, muitas vezes, elas nos levam a fazer escolhas sérias pensando somente a curto prazo, deixando-se levar por situações passageiras. No início, tudo é lindo, porque você está envolvida, talvez até apaixonada, porém, depois de um tempo, a emoção se estabiliza e a razão entra em cena. E a razão lhe traz a lucidez que aponta para as características faltantes na outra pessoa. Por isso, é superimportante tentar equilibrar a emoção e a razão (por mais clichê que a frase possa parecer). Difícil, eu sei, mas necessário. E a melhor forma de fazer isso é conhecer a si mesma e saber de antemão o que é inegociável para você.

Dizem que os opostos se atraem, quando na verdade se repelem. Para confirmar a máxima de que opostos se atraem, sempre aparece alguém com a narrativa de que conhece alguém que é o oposto do outro e a relação deu certo. Para essas pessoas, eu digo: "Que bom, mas isso se chama exceção". Porque, na maioria das vezes, os opostos não se atraem, e sim se repelem, já que estilos de vida, interpretações de mundo e personalidades diferentes podem facilmente entrar em conflito em um relacionamento.

Tenho uma paciente, Nadine, que detesta viajar de avião. Logo que começou a sair com um cara, ele perguntou se ela gostava de viajar e ela gaguejou. O pretendente justificou que ia com frequência para a Coreia do Sul e perguntou se ela não gostaria de acompanhá-lo nas viagens. Nadine recusou o convite. Disse que jamais ficaria 24 horas dentro de um avião e viu imediatamente o semblante dele se transformar.

Aquilo tinha um grande peso para ele. Era inegociável. E a relação não prosseguiu.

Por que vamos nos relacionar com uma pessoa que é o nosso oposto e dificultar a convivência? Por que não encontrar uma pessoa que tenha mais a ver com você? O risco é você ter a narrativa de que "está difícil encontrar homens", e renunciar a valores inegociáveis porque tem medo de ficar sozinha. E, assim, aceita qualquer um.

Escuto muitas pacientes dizendo:

— Mas, Thomas, detesto sair para baladas e não quero entrar no cardápio humano dos aplicativos de relacionamentos.

Sempre acho curioso como as pessoas se limitam a uma **VISÃO DICOTÔMICA**, ou seja: ou balada ou aplicativos. Será que não existe um meio-termo? Um lugar em que você se sinta confortável, ao qual goste de ir e que esteja alinhado com você? Se você gosta de ler, entre em um clube de leitura; se gosta de andar de bicicleta, frequente locais que alugam bicicletas; se você é ambiciosa e busca um homem ambicioso ou bem-sucedido, vá a eventos e treinamentos de empreendedores. É nesses locais que você vai encontrar sua tribo, e talvez até alguém mais alinhado com suas convicções e seu estilo de vida. É preciso se atentar para os lugares onde você vai encontrar as pessoas com os atributos que considera relevantes.

> **VISÃO DICOTÔMICA**
> É uma forma de enxergar as coisas de maneira radical e extrema, como se só existissem duas possibilidades opostas: certo ou errado, tudo ou nada, emocionado ou apático. É um pensamento rígido que não dá lugar para nuances. Muitas pessoas pensam dessa forma, transitando de um extremo ao outro. Pode-se reparar nisso em discursos como "ninguém quer relacionamento sério", ou "todo mundo só quer sexo casual".

Pense nos seus hobbies (se você não tiver nenhum, está aí um bom motivo para explorar e tentar algo novo). Se você fizer mais do mesmo, vai obter o mesmo resultado. É clichê, mas é verdade. E não adianta depositar todas as suas esperanças na sorte ou no destino. Está em suas mãos favorecer a sorte e o destino.

Temos livre-arbítrio para assumir o controle da nossa vida e fazer nossas próprias escolhas sobre irmos ou não atrás do que queremos e gostamos. Caso queira entrar em um relacionamento, em vez de esperar o universo enviar para você um homem que valha a pena, vá atrás dele. Mas saiba que isso requer esforço, como tudo na vida que vale a pena.

13

QUEBRANDO ANTIGOS PADRÕES

"Não é zona de conforto. É zona de familiaridade! Nos atraímos pelo que é familiar, e não pelo que é confortável."

Lúcia é uma mulher que se acostumou a relacionamentos do tipo "montanha-russa". Sabe aquelas relações cheias de intensidade e brigas? Pois era exatamente assim que ela vivia. Era um sofrimento, porém, após um tempo, ela acabou se acostumando com essa dinâmica. Brigar com muita seriedade e depois fazer as pazes de um jeito intenso já não era um absurdo para ela.

Mas vou lhe contar uma coisa: sabe o que acontece na dinâmica de uma relação que tem muitas brigas? Existe a briga, que é um pico, e logo em seguida vem a reconciliação. A reconciliação é um pico gigante, geralmente de cunho sexual, que se torna "inesquecível", já que as pessoas que haviam se desconectado com a briga voltam a se conectar. Então, o cérebro delas passa a associar brigas a uma grande recompensa posterior.

Lúcia acabou por sair do relacionamento extremamente conturbado que lhe ensinou a associação entre brigas e recompensa em forma de reconciliação. Seu ex era um homem ciumento, o que motivava crises de ciúme também nela. Depois disso, ela entrou em outra relação.

Se você acha que ela se deu bem, está enganada.

Percebendo que era um relacionamento pacato e calmo, ou seja, sem aquelas brigas constantes, ela começou a provocar conflitos e brigas. Ou seja: ela herdou os comportamentos do relacionamento anterior e os aplicou ao novo relacionamento. E fazia isso sem perceber.

Lúcia era minha paciente e eu brincava com ela a respeito disso: ela era a nova criadora do caos. Porque ela precisava do caos para ter a sensação de intensidade no relacionamento — e o sexo de reconciliação.

A questão aqui é simples: se você sai de um relacionamento conturbado e vai para um relacionamento calmo, existe a tendência a associar o relacionamento calmo à monotonia. Porque ele não tem a mesma intensidade.[1]

Como vivemos em uma sociedade hedonista, que procura prazer a todo custo, associamos relacionamentos conturbados a relacionamentos com muita emoção. Só que esses relacionamentos tendem a não ser saudáveis. Porque não evocam somente emoções positivas: evocam também — e muito! — emoções negativas.

Quando minhas pacientes saem de relacionamentos conturbados ou abusivos, explico que é importante prestarem atenção aos seus relacionamentos dali em diante, para não serem elas as causadoras de dramas e brigas dentro do novo relacionamento.

É comum vermos mulheres que saem de relações conturbadas e, ao voltarem a buscar um relacionamento, desta vez com homens emocionalmente maduros e que lhes trazem paz e segurança, sentirem certo tédio, por estarem habituadas ao vaivém de emoções e à insegurança e instabilidade causadas pela relação anterior.

Se você está se perguntando se devemos quebrar antigos padrões ao entrarmos em um novo relacionamento, já aviso: é preciso fazer isso caso eles sejam disfuncionais.

E o que são padrões disfuncionais? Padrões disfuncionais geralmente vêm de experiências passadas, tanto nas relações dos pais quanto em relacionamentos amorosos. Eles influenciam as crenças e os comportamentos dentro de um relacionamento. Um estudo revelou que pessoas que cresceram em lares com muito conflito e brigas entre os pais tendem a reproduzir esses padrões em seus relacionamentos, sem percebê-lo.[2]

É uma característica que percebo em meus atendimentos. Tive uma paciente, Beth, que já tinha sido traída algumas vezes em seus relacionamentos. Ela não entendia o motivo disso e passou a acreditar que nenhum homem prestava. Ela criou essa narrativa em sua cabeça para justificar o padrão que vivenciava. Como psicólogo, meu papel é também trazer a autorresponsabilidade às minhas pacientes, por isso a questionei:

— Beth, se você só arranja homens infiéis, qual é o seu papel na escolha desses homens? Vamos descobrir o que te atrai neles.

Ao longo de nossas sessões, descobrimos que ela era atraída pelas mesmas características de seu pai. Ele havia traído sua mãe múltiplas vezes, era um galanteador, bonitão e dava em cima de outras mulheres com a maior cara de pau. Beth me contou que jamais seria permissiva como a mãe, que sabia das traições, mas permanecia na relação mesmo assim. O problema era que Beth seguia escolhendo homens com características similares às do pai (é bem comum nos sentirmos atraídos pelo que nos é familiar). Beth não percebia que fazia isso, pois acreditava que, ao terminar com os homens que traíam, não estava repetindo o padrão permissivo de sua mãe.

É bem comum as pessoas focarem o problema errado. Vejo isso o tempo todo nos meus atendimentos. O problema primário era a escolha de parceiros. Se Beth escolhesse melhor com quem se relacionava, não precisaria viver o mesmo dilema que a mãe. Ao sempre se relacionar com homens infiéis, ela acabou criando repetidas vezes o mesmo cenário que a mãe viveu, mas ela não reparava nessa dinâmica. Em nossas sessões, apontei isso para Beth e trabalhamos para que ela fizesse escolhas melhores em termos de parceiro. Para tanto, primeiro traçamos as características comuns a esses homens infiéis; depois, listamos as características que ela procurava em um homem. Ou seja, delimitamos tanto o que ela não queria quanto o que ela desejava. Lembre-se: quando falamos de relacionamentos, o primeiro passo é decidir o que você quer e o que não quer — e, assim, filtrar as pessoas que melhor se enquadram nos seus objetivos.

Outro caso foi o de uma paciente chamada Carla. Ela estava em um relacionamento abusivo: o cara sutilmente minava a autoestima dela e a fazia questionar a realidade do que estava vendo (**GASLIGHTING**). Ela percebia que o namorado olhava para outras mulheres e as provocava, mas, quando era questionado por Carla, ele dizia que era tudo coisa da cabeça dela. Um detalhe importante sobre Carla é que ela não era ciumenta, e inclusive estava acostumada a ter relações a três com ex-namorados, além de frequentar casas de swing. No entanto, no relacionamento em questão, ela se incomodava com a falta de respeito do namorado em relação a ela. Ao longo das sessões, Carla me contou que ele era agressivo, quebrava objetos na sua frente, já a trancara no quarto e a empurrara na cama. Carla não veio até mim porque desejava melhorar o relacionamento, e sim porque já tinha terminado com ele, mas não conseguia mais se envolver com outras pessoas. Ela me contou que chegou a sair com um cara bacana, calmo e respeitoso, mas que sentia faltar algo com o novo relacionamento: o fogo e a intensidade que tinha com o ex. Por causa disso, Carla começou a causar intrigas e brigas, assim podia sentir novamente a emoção e a euforia do sexo pós-briga. Carla estava replicando um modelo disfuncional do seu último relacionamento.

> **GASLIGHTING**
> É uma forma de manipulação na qual uma pessoa distorce a realidade dos fatos e faz a outra questionar sua própria percepção da realidade, até mesmo quando se tem provas concretas. Isso pode fazer você duvidar da sua capacidade de discernimento e até lucidez, "será que eu estou exagerando?". Frases que podem representar isso: "Não foi nada disso que aconteceu. Você está louca" ou "Você está inventado isso".

O que mais me impressiona na psicologia dos relacionamentos é o quanto somos influenciados por relações anteriores e como cada uma delas deixa marcas, positivas e negativas, em nós. Muitas vezes herdamos, inclusive, características do outro nos relacionamentos seguintes.

Esse foi o caso de Júlia, uma paciente que se casou com seu primeiro namorado e com ele permaneceu por quase dez anos. O homem era extremamente controlador e sufocante. Mas, como havia sido o primeiro e único relacionamento de Júlia, ela não tinha descoberto que isso era inaceitável. Ela só reparou na gravidade da situação quando ele enfrentou problemas financeiros e ela se tornou a provedora do lar. Só então Júlia começou a perceber que ele não tinha mais poder sobre ela. Os dois se divorciaram, mas o relacionamento deixou marcas, e ela se tornou como o ex--marido: tentava controlar os homens com quem se relacionava e os sufocava até terminarem o relacionamento. Uma frase que Júlia me disse e que ficou na minha cabeça foi:

— Nenhum ex meu queria namorar, mas fiz com que namorassem comigo.

Com ela, precisei apontar o padrão herdado do seu ex-marido e como era exatamente esse o motivo que afastava os homens da sua vida. Júlia teve de renunciar ao controle e entender que não precisava ser controladora ou controlada; existia um caminho do meio. Nas sessões, descobrimos que ela gostava de controlar, mas, quando via seus parceiros sendo submissos, perdia o interesse e a admiração por eles.

Compreendi, ao longo dos anos de atendimentos, um paradoxo comum: nem sempre o que queremos é o melhor para nós (ou mesmo o que nos atrai). No caso de Júlia, ela queria controlar, mas não gostava das consequências de fazê-lo. Ao longo das sessões, descobrimos que o que ela gostava de verdade era de um homem com pulso firme, proativo e que resolvesse os problemas em vez de só reclamar deles. Descobrimos que, quando ela estava com uma pessoa que não era proativa nem tinha personalidade forte, ela se tornava seu ex-marido. Repare só na influência que o contexto exerce na gente. Pessoas ou situações são capazes de evocar nosso melhor ou nosso pior lado. Por isso, nossas escolhas a respeito de parceiros influenciam quem seremos: nossa melhor ou pior versão. Outra coisa em que reparo hoje em dia é que as pessoas só querem entrar em novas relações que lhes provoquem uma reação intensa. É esse tipo de pessoa que associa um relacionamento morno a algo ruim.

Muitas me relatam:

— Quero voltar a sentir aquela paixão.

E eu lhes pergunto:

— Qual é o preço de sentir aquela paixão?

Já tive uma paciente, Emília, que sentiu uma paixão intensa por um cara logo no início do relacionamento, mas, ao perceber que ele se comunicava muito mal com ela, esse fato acendeu um alerta em sua cabeça. Era exatamente o que tinha motivado o término do relacionamento anterior dela, e Emília não queria iniciar uma nova relação com o mesmo padrão, pois, no anterior, o ex não colocava as coisas para fora e uma vez a cada dois ou três anos vomitava suas insatisfações nela. Logo que se deu conta disso, Emília percebeu que queria quebrar o padrão e pôs fim à relação, apesar da intensa paixão que parecia existir entre eles. Para ela, ter uma boa comunicação era inegociável.

Muitas vezes, repetimos padrões e entramos em sequências de relacionamentos que apresentam características parecidas. Muitas mulheres repetem que "todo homem é infiel, porque todos os meus ex me traíram". Só que existem padrões que as fazem entrar nesses relacionamentos, inconscientemente. Cabe a cada uma delas descobrir quais são eles.

Young aponta que as pessoas repetem padrões porque estão presas a certos "esquemas inconscientes".[3] Por exemplo: ao acreditar que todo homem trai, você pode se sentir atraída por homens que validem essa crença. Sei que parece loucura, mas nosso cérebro busca sempre coerência em nossas crenças e nas experiências que carregamos conosco. É como se nosso cérebro jogasse contra a gente, só para validar nossas crenças como reais. Para a nossa mente, acreditar em algo e vivenciar o contrário é conflituoso e gera algo chamado dissonância cognitiva, que é a diferença entre o que acreditamos e o que experienciamos. Isso nos faz buscar formas de reduzir tal incongruência. A psicologia é assim... Por mais que pareça absurdo, ela nem sempre age em nosso favor. Claro que essa busca por coerência não explica todo comportamento disfuncional, mas é um exemplo amplamente estudado.

Existem outras situações em que repetimos padrões disfuncionais porque nos são familiares: podemos nos envolver com parceiros agressivos e estúpidos, porque crescemos vendo essa dinâmica no casamento dos nossos pais. Talvez você se sinta incomodada com essas explicações — e de forma alguma estou dizendo que as pessoas traídas são responsáveis pela traição do parceiro. A pessoa que trai é sempre a responsável pela sua atitude. Mas, quando consistentemente escolhemos parceiros que sempre traem, devemos assumir a responsabilidade de que estamos fazendo péssimas escolhas. Toda mudança começa com autoconsciência dos padrões replicados. Só assim conseguimos quebrá-los e tomar decisões melhores. Somos máquinas de repetição e nosso papel é mudar os padrões que não nos servem.

Quando uma mulher começa a repetir frases como "tenho o dedo podre" ou "homem não presta", devemos observar quais características se repetem nos padrões relacionais e de escolhas. O que os homens que você escolheu têm em comum?

Minha paciente Beatriz também veio às sessões com a narrativa de que todo homem é ciumento, então observamos qual era o padrão de seus antigos relacionamentos. Ela gostava de caras fortes, barbudos e que aparentemente eram muito confiantes. Então destrinchamos esse perfil para identificar o que eles tinham em comum. No caso dela, era um perfil de homens aparentemente seguros e másculos que escondem uma insegurança através de uma aparência rústica.

Outra paciente, Eliane, gostava de homens mais firmes, com a postura dominante e que reforçavam a ideia do "homem provedor". Ela gostava de ser a dondoca. Mas o parceiro não a deixava fazer nada que ele não permitisse. Em seus relacionamentos, Eliane sempre repetia o padrão de ficar com homens ciumentos que a controlavam o tempo todo.

Apesar dos exemplos citados aqui, os papéis podem se inverter na sociedade: muitas mulheres são dominadoras e controladoras, carregando o padrão de saírem com homens fracos. Uma delas, Sônia, me disse:

— Thomas, cansei de seguir esse padrão. Quero outro tipo de homem para mim agora.

Para isso, a primeira atitude a ser adotada é filtrar. Não se trata de escolher um cara diferente, e sim de dizer não aos caras que repetem o padrão. Porque isso é uma coisa que conseguimos identificar.

Quais eram as características em comum nos caras com quem Sônia se relacionava? O ideal seria ela se juntar a alguém tão forte quanto ela, mas a pergunta é: será que ela daria conta de não ser dominante na relação? Uma mulher com personalidade forte pode não conseguir responder a essa pergunta.

É possível um relacionamento entre duas pessoas com o mesmo "poder"? A resposta é SIM. Mas, para dar certo, é preciso um fator imprescindível: a flexibilidade. Para quê? Para que, às vezes um ceda e, outras vezes, o outro. Se você tiver uma personalidade inflexível, os dois entrarão em conflito, e haverá desgaste. Logo, é imprescindível que você esteja aberta a flexibilizar de vez em quando, e a buscar alguém que esteja disposto a fazer o mesmo. É dessa forma que o relacionamento flui. Se ambos flexibilizarem, o relacionamento pode funcionar. E, embora seja raro uma relação com duas pessoas dominantes dar certo, pode acontecer.

Na sociedade machista em que vivemos, para o homem chega a ser ainda mais difícil abrir mão de seu controle e poder, porque, cultural, social e historicamente, ele se acostumou com o papel de mandar e dominar a relação, de ser mais inflexível, enquanto a mulher é mais permissiva e submissa. Isso ocorre porque o homem foi condicionado e ensinado, culturalmente, a ocupar o papel de liderança e autoridade. Durante séculos, os relacionamentos funcionavam com uma base hierárquica: o homem mandava e a mulher obedecia. O homem era visto como o detentor do poder, ele estava no topo, e a mulher abaixo dele, como mera coadjuvante e submissa. Entretanto, com o avanço do feminismo, principalmente a segunda onda, na década de 1960, que focou a necessidade de **EQUIDADE DOS GÊNEROS**, essa hierarquia está, aos poucos, sumindo e dando espaço a um novo arranjo de equidade. Eu digo "aos poucos" porque atendo muitos casais com essa dinâmica ainda desequilibrada. Quebrar um padrão cultural leva tempo. Além disso, questionar esse status quo retira dos homens certos privilégios, e rompe com a ideia de que podem agir como bem quiserem.

> **IDEOLOGIA DE GÊNERO E EQUIDADE DE GÊNERO**
> A equidade de gênero foca em buscar a igualdade de oportunidades entre homens e mulheres para que ambos tenham as mesmas condições de desenvolvimento pessoal e profissional. Ou seja, é um conceito que busca corrigir a desigualdade.
>
> A ideologia de gênero refere-se à ideia de que gênero não é determinado apenas pelo sexo biológico, mas também por questões sociais, culturais e até identitárias. Ou seja, é um conceito mais usado para falar de gênero e papéis sociais.

Tive uma paciente, Glória, que foi casada por mais de 25 anos. Ela sempre foi submissa e acompanhava o marido em todos os programas que ele queria. Na pandemia, Glória perdeu a mãe e começou a reavaliar sua vida. Passou a se priorizar. Pela primeira vez na vida, acordava cedo para fazer exercícios físicos, mudou a alimentação e trocou de emprego. Mas isso teve um preço alto: o marido não gostou da mudança. Glória, que já recusava os programas dele com os amigos boêmios, começou a ter atitudes que o incomodavam, pois ela sempre fez tudo que ele queria, sem questionar e até mesmo sem perceber que o fazia. Em vez de o marido incentivar as mudanças positivas na vida da esposa, ele passou a diminuí-la, dizia que Glória já não era a mulher com quem ele se casara. Sempre que atendo uma paciente que relata esse tipo de frase do parceiro, eu digo:

— Mas isso se chama crescimento! Imagina ser casada com uma pessoa que é a mesma de 25 anos atrás... Essa pessoa não se desenvolveu, parou no tempo.

Nas nossas sessões, Glória me contou sobre a dinâmica em que o companheiro foi criado: as mulheres da família dele sempre foram submissas aos homens, verdadeiras "sombras" deles. O fato de Glória se priorizar representava, para ele, uma rebeldia, pois não correspondia ao papel que ele tinha aprendido que uma mulher deveria ocupar. Os dois acabaram se separando, mas não foi fácil, pois ele usava os filhos contra Glória, dizia que ela ia destruir a família e que os filhos ficariam arrasados.

Infelizmente, pelo que vejo nos meus atendimentos, é uma reação bem comum. Quando a mulher fala em se separar, em geral, o homem tenta jogar baixo com ela. O que reparei é que, muitas vezes, isso não ocorre por maldade, e sim por desespero. (Isso não desculpa o comportamento prejudicial, é claro, mas observá-lo serve para entender melhor a situação.) Quando você diz que deseja se separar, é frequente o homem exibir comportamentos estereotipados: primeiro se distancia, fica em silêncio dentro de casa, muitas vezes saindo e voltando sem avisar. Depois, ele entra na fase da raiva e é verbalmente agressivo. E, por último, vem a vitimização, em que ele fica corcunda dentro de casa, olhando para baixo. Essa sequência representa um padrão de comportamento inconsciente que analisei em diversos casamentos em crise. Isso tudo porque a mulher desafiou o status quo e se negou a permanecer nessa dinâmica desequilibrada e machista em que vivia.

Porém, com tais mudanças, surgem também novos desafios, como a disputa de poder dentro das relações. Tenho uma paciente que foi casada por dezoito anos, a Natália. Ela dizia:

— Eu era o homem da relação. — Repare como até o termo usado pelas pessoas reflete essa herança machista.

Agora, ela estava em um relacionamento com um cara que é igual a ela: extremamente controlador. (Aqui, o sentido de "controlador" reflete a postura dela em relação à vida e a todos. Ou seja, ela gosta de ter a percepção de controle.) Ambos são bem-sucedidos, com personalidade forte e gostam de mandar. Nesses casos, vejo um duelo ou embate para decidir quem vai ceder. Na dinâmica retrógrada do patriarcado, sempre era a mulher que cedia. Agora, mulheres como Natália não ocupam mais esse espaço. Todavia, como reparo que ocorre com certos casais, existem homens que ainda não se acostumaram a esse novo arranjo da sociedade e acabam em uma relação com muitos atritos, porque acreditam que ceder é sinônimo de fraqueza. Só que, muitas vezes, é necessário ceder nas relações, tanto você como a outra pessoa. Isso não é fraqueza, e sim *flexibilidade*.

Certo dia, o companheiro chamou Natália para comprar roupa. Logo ele, que não delegava as decisões para ninguém. Fizemos um exercício durante a sessão de psicoterapia:

— Vocês vão sair, mas não escolha a roupa dele, até porque ele não vai permitir. Então o que você vai fazer? Vai dar duas opções para ele e dizer: "Achei essas duas lindas. Qual delas você prefere?". Ao fornecer duas opções, você ainda tem o controle, porque seleciona aquelas de que mais gostou, mas também passa o poder de decisão final para ele. Todos ganham.

Isso é flexibilizar.

Natália e seu companheiro também passaram por uma situação na qual ele começou a opinar sobre a criação do filho dela. Natália se voltou para ele e disse: "Este é um espaço que eu gostaria que você não entrasse". E ele flexibilizou, não abordando o assunto novamente.

Trata-se de um relacionamento que tem dado certo, porque ambos recuam. Por exemplo: os dois tinham uma viagem romântica planejada, cujo destino era um local para o qual Natália está habituada a ir. Então, o parceiro lhe pediu que fizesse as reservas e fosse a guia turística. Ele abriu mão do próprio controle para cedê-lo à companheira, que amou estar no comando. Ambos estão navegando bem nessa dinâmica. Ambos têm personalidade forte, mas conseguem se comunicar e intercalar a detenção do poder. Mas, para dar certo e o relacionamento ser saudável, temos de saber muito bem quais são os nossos limites. Flexibilizar limites não é saudável nem recomendável. Saiba quando se impor e determinar "aqui, não".

Outra paciente, Cléo, saiu de uma relação muito apaixonada e conturbada. Acostumada com intensidade, ela conheceu outro cara e sentiu que a nova relação estava morna. Depois, saiu com mais um, e também teve com ele essa sensação. Cléo afirmava que o pretendente não estava apaixonado por ela, apenas interessado. Sempre repetia a frase: "Sou a escolha racional dele, não a emocional". Cléo sentia esse incômodo por acreditar que ele não estava apaixonado por ela, por mais que o parceiro sempre desejasse estar com ela e demonstrasse muito afeto. Contudo, na cabeça de Cléo, isso não era o bastante, pois ela se sentia validada apenas quando a outra pessoa demonstrava ser louca por ela. Observe mais uma vez a intensidade das emoções. Trata-se de uma mulher que colocava o seu valor como resultado do que o homem sentia por ela.

Aos poucos, fomos desconstruindo isso em terapia. Expliquei a Cléo que, se um cara faz uma escolha emocional, essa emoção pode diminuir, pois emoções não são confiáveis nem necessariamente duradouras. Elas podem oscilar e sumir. Na escolha racional, o casal tem a tendência de construir uma relação sólida e com calma. Ou seja: o homem nutre um interesse pela mulher, e isso só irá aumentar. Ele não está eufórico, fora de si, idealizando-a — está escolhendo aquela mulher por motivos racionais.

Só que aquilo não era o suficiente para Cléo. Ela queria que o homem fosse louco por ela, que tivesse uma paixão intensa, e que apenas aquilo a validava. Ao longo do tempo, o pretendente foi mostrando interesse em conhecê-la e ela se tranquilizou. Assim, ambos construíram um relacionamento sólido.

E aí fiz a pergunta a Cléo:

— E ele? Não é sua escolha racional?

Ela parou para pensar e respondeu que nunca tinha sido apaixonada por ele.

Temos a tendência a acreditar que a paixão é o único sentimento romântico que existe, mas não é verdade. Existe o amor. E o amor é sereno. Ele é uma construção. É muito mais maduro e estável do que a paixão. Só que a maioria das pessoas não quer isso. A maioria das pessoas está no jogo por causa da paixão. No entanto, a paixão é uma roleta-russa: nunca sabemos se ela vai migrar para um relacionamento sólido. É comum, inclusive, que não leve a lugar algum. A paixão sobe, desce e acaba.

E o que acontece com as pessoas apaixonadas, de acordo com os estudos? Os neurotransmissores são diferentes. E a paixão tende a durar até dois anos. A grande pergunta é: por que buscamos tanto a paixão, sabendo que ela é transitória?[4] As pessoas veem na paixão a única métrica possível dentro de uma relação. Assim, quando a paixão passa, elas percebem que não existe mais aquele fogo. O que mais vejo hoje em dia são pessoas que se apaixonam, param de se apaixonar, então pulam para outro relacionamento. São caçadores de emoção. Vão atrás da paixão e, quando ela se esgota, buscam uma nova, sem dar tempo de o relacionamento desabrochar em outros sentimentos mais complexos e duradouros.

Aliás, já que estamos falando sobre paixão, o que acontece no processo de sedução? Sabe aquela coisa de "me apaixonei à primeira vista"? Isso não existe. A pessoa chamou sua atenção à primeira vista. Então, você primeiro se interessa por uma pessoa, porque é impossível se apaixonar por alguém que você não conhece. Acreditar em amor à primeira vista é um sinal de pura projeção e idealização daquilo que você quer ver.

O fato é que você primeiro se interessa pela pessoa, se sente atraída e só depois começa a se apaixonar, por mais que isso possa acontecer bem rapidamente. E depois de um tempo — que pode durar anos —, a paixão, que é um estado de euforia e de demência temporária, tende a diminuir e transmutar para o amor. Por quê? Porque nosso cérebro não dá conta de algo tão intenso. Ele tem que encontrar uma homeostase, um equilíbrio. Estar apaixonado é maravilhoso, mas desgastante.[5]

Então começa a conexão mais profunda. Na transição da paixão ao amor, o seu cérebro tem mais neurotransmissores de conexão, elo e vínculo. Algo muito mais consolidado e confiável. E não é que os relacionamentos duram pouco hoje em dia, é que muitos usam a paixão como termômetro para definir se continuam ou não em uma relação.

Em uma escolha racional, muitas vezes estamos com alguém que preenche todos os requisitos da nossa lista, mas não estamos apaixonados. Assim, nos perguntamos se devemos ficar com aquela pessoa. Bem, depende da sua intenção. Você almeja estar com alguém, apaixonada, mesmo sabendo que aquilo tem prazo de validade? Ou prefere alguém que preencha todos os seus pré-requisitos, alguém com quem você pode construir algo duradouro?

Percebe que coloquei uma condição de "um ou outro"? Isso ocorre porque alcançar as duas coisas é extremamente difícil. Nem sempre vamos conseguir esse ideal. O objetivo poderia ser estar com uma pessoa com quem tenhamos, sim, uma paixão explosiva e que também preencha o nosso checklist racional. Mas nem sempre a gente pode ter tudo. E nem por isso você vai descartar uma relação saudável, não é mesmo? Ou vai?

14

RELACIONAMENTOS SAUDÁVEIS

"Relacionamento saudável requer trabalho em equipe. Vocês são do mesmo time, e não adversários."

O que é um relacionamento saudável? Relacionamentos saudáveis não se baseiam apenas no amor pela outra pessoa ou na atração sexual, mas também na admiração mútua. A admiração é um fator crucial na forma como percebemos o outro e no nível de atração que sentimos. Admiração é valorizar qualidades, habilidades e valores do parceiro. Estudos realizados pelo Gottman Institute[1] demonstram que casais que sentem admiração um pelo outro apresentam maior satisfação e capacidade de transpor períodos de dificuldades. Quando existe essa admiração, uma pessoa coloca a outra "para cima" e ambos se transformam muito mais. É como se fosse um ciclo de encorajamento e de reciprocidade, no qual um enaltece as qualidades do outro, inspirando-o e influenciando-o mais a ser ainda melhor, a se desenvolver. Casais que se admiram mutuamente se desenvolvem mais e apresentam maior crescimento pessoal, porque sentem-se apoiados e encorajados a se arriscar e superar seus medos, tanto pessoais quanto profissionais. Sempre digo que relacionamento é um trabalho em equipe e que o casal é um time. Logo, quando um admira o outro e a situação é recíproca, o céu é o limite.

A admiração também permite maior nível de autenticidade, porque sabemos que somos valorizados por quem somos e não precisamos buscar validação externa. Por causa disso, nossa autoestima também é fortalecida. Por outro lado, a falta de admiração é um dos maiores fatores que percebo que afetam um casal, principalmente no âmbito sexual. Quando uma mulher chega até mim dizendo que está desconectada do parceiro e que já nem transam mais, ou nem têm vontade de fazê-lo, eu questiono:

— Você admira seu parceiro?

Na maioria das vezes, a mulher não admira mais o companheiro, muitas vezes porque sente que não pode mais contar com ele. A atração também está relacionada à percepção de competência e proatividade do outro. Em geral, as mulheres perdem a admiração pelo homem quando assumem o papel de mãe na relação: resolvem tudo, cuidam do marido como se fosse seu filho, criando um desequilíbrio na relação, pois não podem mais contar com a parceria do outro como um igual. Isso tende a acontecer quando o homem se acomoda na vida profissional, na vida pessoal e na relação, ou quando ele perde a proatividade. Veja o diálogo abaixo:

— Onde a gente vai comer?

— Ah, não sei, qualquer lugar. Decide aí você.

— Mas sou sempre eu que decido.

— Porque você decide melhor do que eu.

Já ouviu ou viveu um diálogo assim? Do outro lado, quando a pessoa sente que não é mais admirada, sua autoestima cai de maneira drástica. O olhar do parceiro ou parceira tem um peso enorme na nossa autoestima. E se você está se perguntando se existe um meio de recuperar a admiração, eu lhe digo: sim, é possível, mas não depende exclusivamente de você. A melhor forma de recuperá-la é analisar os comportamentos do seu parceiro que influenciam a sua percepção de modo negativo, prejudicando a admiração. Pode ser a falta de proatividade nos fins de semana, a ausência de parceria no cuidado com os filhos ou mesmo a estagnação profissional.

Depois de identificar os comportamentos problemáticos, é necessário apontá-los para o parceiro, indicando que sente falta de determinadas atitudes ou salientando aquelas que a incomodam. É claro que, para isso, é preciso tomar cuidado com a forma de falar, para não ofender. O objetivo é comunicar, não reclamar. Apenas o fato de verbalizar que não sente admiração por ele já vai fazê-lo se sentir mal e pode ser que ele entre na defensiva. Então, a melhor forma de passar por esse momento é focar uma comunicação efetiva e não violenta. Por exemplo: "Eu adorava quando você escolhia o que íamos fazer aos fins de semana. Será que você pode voltar a fazer isso?" ou "Percebo que você está insatisfeito com o trabalho. Será que não é melhor procurar outro lugar? Vamos pensar juntos em uma solução?". Ou ainda: "Sempre que chego em casa do trabalho, tenho de arrumar a mesa do jantar e dar banho nas crianças. Tem como revezarmos, porque estou me sentindo sobrecarregada e essas tarefas são responsabilidades de nós dois?".

Essa abordagem de comunicação não violenta (CNV), desenvolvida por Marshall Rosenberg, tem como objetivo expressar o que queremos, mas sem julgamentos, acusações ou ataques, para que a outra pessoa não crie uma defesa, se feche ou lhe ataque de volta. Marshall descreve quatro fundamentos para uma comunicação clara e eficaz: relatar para a outra pessoa, mas sem julgar; compartilhar como isso a faz ou fez sentir; explicar qual necessidade ou demanda emocional não está sendo atendida; e pedir algo claro e razoável.[2]

Nos meus atendimentos com casais, sempre deixo clara uma das perspectivas mais importantes para o sucesso da relação: "vocês não são inimigos, não estão jogando um *contra* o outro, vocês são uma equipe e estão jogando um *com* o outro".

Se você se comunica dessa forma, a responsabilidade da mudança passa a ser dele e você não tem mais influência sobre isso. Depende dele agora.

Uma forma de avaliar se você ainda admira seu parceiro é se perguntar: "Eu admiro as conquistas do meu parceiro? Admiro a forma como ele lida com a vida e os desafios? Tenho orgulho de apresentá-lo para as pessoas? Ele me inspira a ser melhor?". E a mais clássica de todas: "Sinto um brilho nos olhos quando olho para ele?". Se suas respostas forem "sim", você tem um parceiro para toda a vida. Em teoria.

Em segundo lugar, vem a confiança para eliminar dores de cabeça da sua vida. Porque, quando você está em uma relação em que desconfia da outra pessoa o tempo inteiro e o outro não lhe passa confiança, você vive insegura. Confiança é estar com alguém e achar tranquilo aquela pessoa ter uma noite com os amigos. A confiança surge para que você possa relaxar na relação. E é interessante que, quando um dos parceiros é ciumento e controlador, a pessoa acredita que, ao controlar o companheiro, colocando-o em uma coleira, isso evita ações indesejadas — o que não é necessariamente verdade. Temos de ter a confiança no outro a ponto de saber que, se ele for abordado, terá a capacidade de dizer "não", conseguindo impor limites por si mesmo, sem a sua intervenção.

Atendo uma mulher que não gosta quando outra mulher conversa com o marido dela, porque, na percepção da paciente, o marido falha em colocar limites nas interações com outras mulheres. Entretanto, conforme ela intervém nessas interações, tira a capacidade dele de aprender a estabelecer esses limites. Assim, a paciente perde cada vez mais a confiança no marido e briga com ele por qualquer motivo.

A coisa mais gostosa de uma relação é quando ela é estruturada na base da confiança — é um estresse a menos na vida. A confiança é primordial. A desconfiança desgasta a relação e a confiança a fortalece. Monitorar o seu parceiro enfraquece o vínculo entre os dois.

Em terceiro lugar, vejo o respeito como uma virtude que precisa ser mantida entre o casal. É comum que, com a conquista da intimidade, se perca o respeito um pelo outro. Dessa forma, podem começar xingamentos, provocações e até violência psicológica e física. Se você aceita que essas situações aconteçam uma vez, duas vezes, e por aí vai, o desrespeito é naturalizado e normalizado na relação. Respeito é inegociável.

Vejo muitos casais juntos há anos em relações completamente desrespeitosas. Se formos comparar ao início da relação, era o extremo oposto do que é hoje. É comum que comecem com "brincadeiras" e ironias que, com o tempo, transformam-se em ofensas.

Certa vez, uma paciente compartilhou comigo que o relacionamento dela se tornou mais intenso, com muitas brigas e, em uma desavença na qual ela não gostou de uma atitude do cara, ela soltou uma série de xingamentos por mensagem. Ele, então, se posicionou imediatamente: "Você não vai falar assim comigo, porque não vou permitir esse desrespeito". Ela parou de escrever. O ficante pontuou: "Você não vai ter esse tipo de comunicação comigo". O relacionamento não foi adiante, já que um limite foi estabelecido sobre o que não seria tolerado na relação.

O quarto item para uma relação saudável é a aceitação. Quando falamos de aceitação, falamos sobre aceitar as particularidades da outra pessoa. Não podemos querer mudar o outro por puro capricho. Ou seja, você aceita os defeitos e imperfeições da outra pessoa, mas também valoriza suas qualidades. A não aceitação e a vontade de mudar o outro têm como base uma escolha equivocada de parceiro. Ou seja: quando vocês se conheceram, você negligenciou ou não reparou nos pontos negativos dele.

Tive uma paciente, Alice, que sempre escolhia parceiros que ela tentava mudar depois, de acordo com suas vontades. Depois de passar meses ou anos com um companheiro, e após tentativas incansáveis de mudá-lo, ela se frustrava e dizia que ele havia mudado. Na verdade, ele nunca deixou de ser quem era. A questão é que ela nunca o aceitou de verdade.

Um ponto importante sobre a aceitação é tomar cuidado com algumas frases que várias pacientes me trazem de seus companheiros: "Quando você me conheceu, eu já era assim. Você já sabia como eu era". Essas frases não representam o fato de você ter de aceitar a outra pessoa como ela é, porque, caso esteja insatisfeita e a mudança que espera seja para melhor, você não deve se conformar e aceitar. Contudo, relembro aqui um ponto-chave: existem dois tipos de mudança que cobramos de outra pessoa: a mudança vertical e a horizontal. Uma cobrança de mudança vertical é aquela em que a pessoa melhora e cresce, primeiro por si mesma, depois pelo relacionamento; já a mudança horizontal — ou seja, lateral — não se trata de um crescimento, e sim de um capricho seu. Você quer que o outro mude somente para agradar uma vontade ou expectativa sua, sem que haja benefícios para ele ou para a relação. No final das contas, ambos precisam aceitar o outro, mas devem estar abertos a se transformar verticalmente, para cima, para melhor.

E, por último, temos a comunicação, que é o ponto mais importante. O que é comunicação? É você ter espaço e voz para colocar queixas para fora e a outra pessoa estar disposta a escutar. É ter liberdade para se expressar sem medo da reação do outro. A comunicação é a mais difícil das cinco? Sim. Por quê? Porque é uma habilidade a ser desenvolvida. Enquanto a admiração é algo natural, a confiança é adquirida, o respeito se impõe e aceitação é uma escolha. Mas comunicação é uma habilidade. Por isso é tão difícil: porque precisamos desenvolver uma comunicação eficaz — evitando que ela se transforme em uma discussão.

Quando reclamamos, essa atitude significa que não nos comunicamos previamente e não alinhamos expectativas. A reclamação surge quando falamos sobre um evento do passado. De vez em quando, não tem como escapar. Mas existem formas muito melhores de se comunicar. Se o cara com quem você está a deixa sozinha em uma festa por meia hora, período em que você o vê conversando com outra mulher, há duas maneiras de falar com ele. A primeira poderia ser: "Sério que você me deixou plantada por meia hora enquanto conversava com aquela mulher?". E a segunda seria: "Eu me senti muito desconfortável por você ter me deixado sozinha por meia hora para conversar com outra mulher, alguém que eu nem sei quem é. Gostaria que você não fizesse mais isso comigo, tudo bem?". Na primeira fala, você o acusa, o que provavelmente o deixará na defensiva. É a receita para vocês brigarem e, com isso, a noite ser arruinada. Na segunda maneira, você expressa como se sentiu — o que nunca pode ser refutado por outra pessoa! — e ainda instiga que o outro tenha empatia, colocando-se no seu lugar. Ele a entende e vocês ficam juntos curtindo a festa.

É fácil fazer isso? Nem um pouco, pois requer muito controle emocional. Mas desenvolver essa habilidade de comunicação evita que você passe por essa situação mais de uma vez. Tudo depende da forma de se comunicar com a outra pessoa. Se é uma reclamação, a pessoa se fecha e entra na defensiva: "Mas foram só quinze minutos. Você está exagerando". Por outro lado, ao pontuar como se sentiu e pedir que não se repita, você não abre espaço para uma réplica ou discussão. Caso ele tente se defender, você pode simplesmente falar: "Tudo bem que você não reparou no tempo e que eu pudesse me sentir mal, mas agora já sabe como me senti. Só peço para você tentar me incluir da próxima vez". Sei que, no momento da raiva, é difícil assumir essa postura, mas, se você parar para pensar em brigas anteriores, é improvável que elas tenham gerado uma mudança de comportamento, não é mesmo? Por isso, digo que comunicação é uma habilidade a ser desenvolvida com o tempo, e não do dia para a noite.

Dito isso, essa habilidade é ainda mais efetiva quando reforçamos um comportamento que gostaríamos que acontecesse de novo. Atendi um casal que fez uma viagem juntos e o homem pagou por tudo. No último jantar, ela se sentiu em débito com ele e disse: "Posso te convidar?". Mas ele não deixou que a companheira pagasse a conta. Ela aceitou, mas, como retribuição, comprou alguns mimos para ele em uma loja e lhe deu de presente. Não era nada caro. O homem em questão ficou se sentindo valorizado e, quando voltaram para a cidade deles, ele ressaltou esse comportamento da parceira, salientando como tinha se sentido bem com aquilo:

— Gostei muito da sua atitude. Foi simbólico o seu gesto de agradecimento e me senti retribuído e valorizado por tudo que proporcionei. — Não era uma questão de dinheiro. Era o gesto. Ele reforçou a atitude dela e, dessa forma, cristalizou aquele comportamento dela. E o que significa isso? Que todo comportamento reforçado tende a se repetir.

Em vez disso, poderia acontecer de a mulher se acomodar com o fato de ele pagar tudo e ele se incomodar meses depois, lançando essa reclamação durante uma briga: "Eu sempre pago tudo e você nunca agradece! Acha que é fácil ganhar dinheiro?". Essa é uma tendência em casais que não se comunicam adequadamente. É o que chamamos de ressentimento, ou seja, tudo aquilo que não é comunicado ou que, mesmo depois de comunicado, não gera mudança.

Nesse tipo de situação, mesmo as coisas simples viram um problema. Problemas acumulados e que não são resolvidos se tornam ressentimentos. E ressentimento é como concreto: depois que endurece, não dissolve mais.

Tudo depende da forma como falamos.

Muitas vezes, quando começam as discussões, um joga na cara do outro aquilo que não gosta na relação. Vejo nos meus atendimentos uma dificuldade imensa de comunicação entre as pessoas. Sempre as aconselho a dizer o seguinte:

— Eu queria compartilhar algo com você que está me incomodando, mas queria que você só me escutasse. Sem a interferência ou argumentos de volta. Só um desabafo.

Eu mesmo já fui culpado disso. No meu casamento, eu entrava na defensiva sempre que minha esposa colocava uma insatisfação para fora, uma em que eu nunca tinha reparado. Até que um dia ela falou: "Sempre que me queixo de algo, você me ataca com uma queixa sua". Naquele momento, eu me senti péssimo e aprendi uma lição valiosa: quando uma pessoa que se importa com você precisar desabafar, apenas escute e não fique combativo, nem leve para o lado pessoal. Do contrário, ela vai parar de externalizar suas insatisfações, que vão se acumular até que, um belo dia, vão explodir.

A lição mais valiosa para relacionamentos deveria ser "dê voz à outra pessoa".

PRIVACIDADE E INDIVIDUALIDADE

Quando falamos de privacidade em uma relação, sempre surge a pergunta: um casal precisa dividir as senhas do celular para que o outro tenha livre acesso a tudo? Essa pergunta surge sempre nas minhas redes sociais e eu sempre respondo que, se você acredita que um casal deve ter privacidade, ok. Se você acredita que não, ok também. Não existe certo nem errado nisso tudo. Porque isso vem de uma crença em que dois se tornam um só. Quando atendo uma pessoa que acredita que em relacionamentos não deve existir privacidade, não posso questionar a crença em si, então questiono se a paciente tem noção das consequências de pensar dessa forma.

A partir do momento em que você não tem privacidade e individualidade, você não tem espaço.

Aí a relação tende a ficar sufocante. Já se sentiu assim?

Quando uma pessoa sufoca e a outra é sufocada, temos um problema, mas, quando os dois se sufocam, a relação tende a encaixar, infelizmente, porque ambos se completam, ao mesmo tempo que também se consomem. Logo, eles ficam grudados e se fundem. Eles não reparam que essa dinâmica é prejudicial.

No entanto, se você está em uma relação em que uma pessoa pensa que pode ter individualidade e a outra não, aí também existe um problema. Porque, sempre que um dos dois quiser sair com os amigos, haverá uma briga entre o casal.

E aí começam os joguinhos.

Para esclarecer, existe uma diferença entre privacidade e individualidade. Na individualidade, a pessoa tem sua identidade, seus hobbies, seus interesses pessoais, ela não se funde com a outra pessoa. Na privacidade, a pessoa tem certos aspectos que não são compartilhados, como mensagens, pensamentos íntimos, segredos que não ameaçam a relação. São coisas que a pessoa não quer ou não está pronta para compartilhar. Nós temos essa visão romântica de que em relacionamentos nós nos fundimos com a outra pessoa e que, para tanto, devemos perder nossa individualidade e privacidade. Mas, na prática, isso tem muito mais consequências negativas do que positivas. O fato é que precisamos ter a nossa vida própria além da pessoa, porque, se ambos se fundem, caso haja separação, aquela pessoa passa a ser uma metade.

Em uma relação que já dura anos, a individualidade traz elementos que somam na relação, como novos assuntos e novas histórias. Afinal de contas, vocês não vivem grudados. Isso traz riqueza ao relacionamento. Privacidade, por exemplo, é algo que muitos casais não têm. Um desconfia do outro até quando vai ao banheiro com o celular. É um estado constante de monitoramento. Daí vem a infeliz frase: "Quem não deve, não teme". Essa frase é usada como justificativa para a outra pessoa não ter privacidade, porque, vamos confessar, todos nós tememos mostrar algo que preferimos manter em particular. Pode ser um desabafo com nossa mãe ou uma amiga, alguma insatisfação sobre o parceiro que ainda não estamos prontos para verbalizar.

Já tive um paciente que me disse que, em sua relação, não havia segredos nem privacidade. Ele lia as mensagens da esposa e ela as dele.

Fiquei curioso e perguntei:

— E se seu melhor amigo compartilhasse algo íntimo com você, algo que confiou somente a você? Você deixaria sua esposa ler?

A resposta dele me surpreendeu:

— Claro. Não existe segredinhos entre nós.

Diante disso, provoquei:

— Então você tem consciência de que não é um bom amigo, pois amigos não traem a confiança um do outro.

Ele não pareceu se importar e apenas encolheu os ombros, como se não fosse grande coisa.

Para ficar claro: não me refiro a segredos desrespeitosos que ameaçam a relação. Para um casal sem privacidade, a porta aberta simboliza que "um não tem nada a esconder do outro". Mas por que não ter privacidade com confiança? Você pode dar a senha do celular ao outro para que ele tenha caso necessite, mas não para que fique monitorando você. Fazer isso denota falta de confiança.

Porque, se você precisa monitorar o outro, das duas uma: ou você é uma pessoa desconfiada, ou não é uma pessoa confiável. Por que estar em uma relação com alguém em quem não confia? Quem invade a privacidade do outro dá espaço para que a sua própria privacidade seja invadida. Por isso digo que casais que sufocam a privacidade se completam, mas também se consomem. No fim das contas, se existe ou não privacidade no relacionamento, isso deve ser um aspecto acordado entre o casal. Mas saiba que privacidade não é esconder algo de errado, mas sim manter um espaço individual dentro da relação, um espaço só seu, no qual você decide se quer ou não compartilhar.

A ROTINA E O SEXO

Não quero jogar um balde de água gelada em você, mas preciso lhe dizer algo: em uma relação com previsibilidade e rotina, o tesão tende a diminuir. Porque o tesão reside na imprevisibilidade.

A atração física é intensificada com mistério e imprevisibilidade. Se vocês são 100% previsíveis, não conseguem mais ter aquela atração toda um pelo outro. Isso quer dizer que cada um deve ter a sua individualidade na medida do possível, porque, quando os dois se fundem, perde-se o mistério, tudo se torna previsível, até o comportamento da outra pessoa.

Outro fator que influencia negativamente a frequência sexual e o erotismo é a rotina. Infelizmente, a rotina é inimiga do erotismo e do sexo. Ganhamos com a rotina, mas também perdemos. Ganhamos mais intimidade e isso conecta ainda mais o casal. Mas perdemos o mistério. E é só pensar: o que acontece quando você vai morar com alguém? Ou quando seus amigos começam a morar juntos? A frequência sexual diminui. Isso é natural e esperado, desde que não haja ausência de sexo na relação, que seria um sintoma de desconexão romântica entre duas pessoas.

Quando falamos de rotina, falamos em perda de privacidade (de espaço mesmo). E é claro que existem formas de tentar cultivá-la. Muitos casais têm dois banheiros e dois quartos para quando querem um momento sozinhos. Às vezes, precisamos do nosso espaço. É claro que essa não é a realidade de todo mundo, mas existem formas de ter o seu momento, seja saindo para dar uma volta ou encontrando uma amiga.

O erotismo pede imprevisibilidade e aventura, que é exatamente o que se encontra quando está conhecendo uma pessoa ou se apaixonando. Uma rotina sem surpresa e mistério torna-se tediosa e até invasiva, porque nem ligações no celular podem ser feitas sem que o outro escute. E isso não significa esconder algo da outra pessoa, mas sim saber que você tem direito à sua privacidade.

Quem vive na mesma casa que o outro sabe como é o funcionamento da relação quando a intimidade cresce e a rotina se instala. O ideal é bolar estratégias para que a vida não caia na mesmice e para que o tesão e a vontade de estar juntos não se percam. Isso requer esforço contínuo de ambas as partes.

Tenho uma paciente que veio até mim com a queixa de que o cara não a procurava mais. Fiz uma pergunta a ela:

— Vocês estão transando menos ou estão praticamente sem transar? Porque tem uma diferença entre ausência de sexo e baixa frequência sexual. Ausência de sexo representa uma desconexão romântica do casal, mas baixa frequência pode resultar de vários fatores, como uma fase difícil na vida pessoal ou no trabalho, uma fase em que ambos estão mesmo um pouco distantes um do outro ou até o estabelecimento de uma nova rotina.

Ela disse que eles ainda transavam, mas não com a mesma frequência da época em que namoravam. Eu expliquei:

— Então, não parece ser uma questão de baixa libido ou de pouca atração por você, e sim um novo contexto entre vocês que, no caso, estão morando juntos. É muito comum a frequência sexual diminuir quando você se casa e vai morar com o parceiro. Porque é justamente a saudade, a imprevisibilidade e a inconstância que nos deixam atraídos pela pessoa.

É claro que existem exceções. Há muitos anos, atendi um casal. Eles estavam casados havia mais de 25 anos e tinham uma frequência sexual fora da média. Esse era até um dos motivos de eles continuarem juntos, porque o que tinham de sexo, tinham também de brigas.

Sempre discorro sobre o paradoxo entre a aventura e a insegurança de que a psicóloga Esther Perel tanto fala.[3] Quando estamos conhecendo ou ficando com alguém, queremos segurança e estabilidade; quando estamos namorando e temos isso, sentimos falta da aventura e insegurança, porque isso despertava mais atração pela pessoa. Queremos aquilo que não temos certeza de que podemos ter. Quando temos, o querer se torna algo diferente: queremos um futuro juntos, quem sabe uma família. Mas o querer do início está muito mais relacionado à paixão e ao desejo. Na aventura, temos mais tesão, mas, quando estamos seguros com a outra pessoa, o preço que pagamos é ter menos atração sexual pelo outro, mas com enormes ganhos: a tranquilidade de ter um parceiro em quem confiar. Se você, que está lendo este livro, sente uma atração enorme pelo seu parceiro, mesmo morando juntos há anos, comemore, porque com a maioria das pessoas não é assim.

SENTIR-SE DESEJADA E VALORIZADA

Para valorizarmos outra pessoa, temos de nos esforçar. Esse é um esforço que nos faz mostrar ao outro que o enxergamos dentro da relação. Entretanto, ao longo dos anos, essa sensibilidade vai se perdendo dentro de um relacionamento. De olhar para o outro com preocupação. Porque, ao enxergar a outra pessoa, o que você está fazendo? Está colocando-a como prioridade naquele momento, fazendo-a se sentir especial e valorizada.

Para a mulher, percebo que existe muito essa importância de se sentir valorizada e desejada. Mas qual é a importância de o homem "enxergá-la"? Porque, quando não se sente mais valorizada, isso também pode soar como se ele não a desejasse mais. Como a maioria das mulheres aprende a submeter o próprio valor às opiniões dos outros, ela pega para si essa ausência de desejo, como se fosse um defeito dela.

É improvável que, nesses casos, a mulher leve em consideração que o cara pode estar em uma semana difícil no trabalho e que, por isso, ele não conseguiu dar a devida atenção a ela em casa. Ela vai pensar que o problema é com ela, o que afeta a sua autoestima. "Será que ele não me acha mais gostosa?" Ela se percebe através do olhar do outro, ou como ela acredita que o outro a vê. Deparo-me com isso o tempo todo nos meus atendimentos: quando o cara para de procurar a mulher para transar.

Se você não se sente mais valorizada ou desejada, comunique essa insatisfação para a outra pessoa em vez de criar teorias de que o problema é você. Na maioria das vezes, você vai descobrir que, na verdade, o problema está com o outro ou vem de algum fator externo, como estresse no trabalho, por exemplo.

O ÓBVIO PRECISA SER COMPARTILHADO

Uma paciente minha não estava se sentindo desejada pelo marido. Perguntei a ela:

— Quando você se sente não desejada?

Ela respondeu, acanhada:

— Quando faço um movimento de chamar a atenção dele, demonstrando que quero transar.

E como funcionava isso? Eles estavam assistindo a um filme juntos e ela começava a elogiá-lo, dizendo que ele era mais bonito do que o protagonista do filme. Mas ele não percebia a atitude dela como uma demonstração de desejo.

— Sou sempre eu que faço essa abordagem e ele não percebe. Não sei o que se passa na cabeça dele.

Quando sugeri à paciente que comunicasse ao companheiro de maneira clara que ela queria transar, ela o fez. E o parceiro respondeu:

— Nunca percebi que você fazia isso porque queria sexo. Não me sinto muito confortável com elogios. Aliás, fico desconfortável quando você os faz. Passava longe da minha cabeça que você queria sexo nessas horas. Se quer alguma coisa, coloque a mão "ali" e começamos...

Naquele instante, ela entendeu que o namorado não interpretava a mensagem do que ela tentava transparecer, e que era tão claro dentro de sua cabeça. Para ela, era óbvio que estava demonstrando seu desejo de transar e que esse desejo estava sendo ignorado. No fundo, ele não entendia os sinais dela e ela não se sentia desejada.

A maioria dos homens precisa de uma instrução direta, verbalizada. As mulheres costumam ser muito mais sutis com esses sinais. Muitas vezes, elas agem como se as necessidades delas fossem óbvias para a outra pessoa. De vez em quando, até é, se pararmos para pensar, mas precisamos colocar tudo que desejamos para fora da maneira mais explícita possível. Muitos homens deveriam ter essa sensibilidade, mas a quem eu quero enganar? A maioria não tem.[4]

Então, o óbvio precisa ser dito e às vezes até repetido. Infelizmente, é assim que acontece. Você coloca para fora uma vez, mas ele não entende a importância que você dá àquilo. Às vezes, é algo superimportante para você, mas a outra pessoa não percebe que é tão relevante assim. E simplesmente deixa passar. Não dá a importância necessária.

Quando você não gosta que o parceiro curta fotos de outra mulher, por exemplo, ou converse com ex-namoradas, é preciso verbalizar, estabelecer seus limites. E por que precisamos compartilhar o óbvio? Porque o óbvio não é universal. Isso é o mais importante a ser entendido em uma relação a dois: o óbvio pode ser óbvio para você, mas pode não ter sido assim com as outras mulheres com quem esse parceiro já se relacionou. Logo, não é universal, é completamente individual. Por isso, é melhor pecar pelo excesso de comunicação do que pela ausência dela.

Vou lhe dar um exemplo relacionado à minha namorada. Cheguei de viagem em um domingo à noite e era implícito que iríamos nos encontrar, mas preferi dizer a ela que precisava do meu espaço e preferia ficar sozinho. Tive o cuidado de pecar pelo excesso de comunicação, contando os pormenores do motivo de eu precisar de espaço. Também deixei claro que eu não queria que ela interpretasse isso como falta de vontade de estar com ela.

No dia seguinte, comprei um presente para ela, para que entendesse que não foi o fato de eu não querer estar com ela que me motivou a ficar sozinho logo que cheguei de viagem. Mas, se eu não tivesse verbalizado isso, ela poderia ter pensado em mil teorias. A outra parte também precisa ter a atitude de externalizar e explicar o que se passa por sua cabeça, porque não tem como adivinhar. É um pouco isso: você se preocupa em colocar para fora, ser transparente e explícita, assim, evita-se que a outra pessoa crie as próprias interpretações. Enfatizo também que a responsabilidade da comunicação, de dizer o óbvio, deve ser de ambas as partes.

ALINHAMENTO DE EXPECTATIVAS, PLANOS E SONHOS

Em uma relação, ambos mudam ao longo do tempo, então os alinhamentos de expectativas precisam ser refeitos constantemente.

Conheço um casal cujo marido foi convidado para trabalhar em outro país durante um ano. A esposa o acompanhou e ficou alinhado que ambos permaneceriam lá por esse período. Um ano depois, a empresa pediu que ele se demitisse da sede no Brasil e morasse lá definitivamente. Então a esposa se desesperou, porque não tinha sido o combinado entre os dois. A falta de comunicação gerou um desalinhamento praticamente irrecuperável, porque não era isso que ela queria. E o casal acabou se separando.

Ao longo da vida, vamos mudando, assim como nossos interesses e sonhos. Uma das pautas que mais vejo nas relações é o desalinhamento na hora de falar sobre ter filhos. Muitas mulheres que atendi entram em relacionamentos e passam anos com outra pessoa sem saber se ela deseja ou não ter uma família.

Conheço casais que terminaram porque, depois de anos juntos, conversaram sobre construir uma família, e um dos lados revelou que não queria filhos, enquanto o outro queria. Um casal de pacientes se separou justamente por causa dessa questão. Ele queria filhos; ela, não. Mas por que eles demoraram tanto tempo para alinhar esse tema, que é tão crucial? Eu suponho que ele já sabia, mas tinha esperanças de que ela mudasse de opinião. Não tenho como confirmar isso, mas já vi casos assim nos meus atendimentos, de casais que ficam juntos esperando que o outro mude de ideia em relação a ter filhos.

Não adianta empurrar os assuntos importantes com a barriga. As expectativas precisam ser verbalizadas e alinhadas.

Considerações finais

Eu queria trazer para você algumas conclusões a que cheguei ao longo da minha carreira e das minhas experiências pessoais.

Depois de atender centenas de pacientes, uma delas é que não existe um único jeito de fazer os relacionamentos funcionarem. Mas há formas de potencializar o sucesso e até a felicidade do casal, ao mesmo tempo que, com certeza, há formas terríveis de você viver uma vida a dois.

Já parou para pensar por que você quer estar com outra pessoa? Para que você quer entrar em um relacionamento? Seria para preencher um vazio que você sente? Uma das maiores lições que aprendi é não depositar em outra pessoa a expectativa de preencher o que falta em você. Esse é um erro muito comum que vejo. As pessoas querem preencher seu vazio com um relacionamento e, assim, criam expectativas irreais, que nunca serão concretizadas. O vazio é seu. É sua responsabilidade preenchê-lo, então não delegue a outra pessoa esse fardo.

Se você está infeliz, outra pessoa pode até te trazer momentos de paz e felicidade, mas são apenas distrações, momentos de alívio. Porém, quando você deitar a cabeça no travesseiro, sozinha, tudo aquilo que lhe causa angústia continuará no mesmo lugar onde você deixou.

Sempre digo que você não precisa estar 100% curada ou resolvida para entrar em uma relação. Ninguém nunca está. No entanto, você não pode estar em pedaços a ponto de precisar de outra pessoa para consertá-la. Nenhuma pessoa tem o poder de concretizar essa missão. Somente você.

Outra provocação que faço a você é: o que motiva um casal a permanecer junto? O que faz uma relação durar? Talvez você responda: amor. Mas não acredito que seja isso. O amor é a base, mas só ele não é capaz de fazer um relacionamento dar certo. É preciso disposição também. Se eu tivesse de escolher o maior fator para um casal ficar junto para sempre, seria a disposição de ambos em amadurecer o relacionamento. A meta, por mais incrível que pareça, não deveria ser ficar juntos para sempre, e sim ficar juntos para sempre com uma pessoa que sabe ser imperfeita, mas tem o ímpeto e a disposição para se desenvolver como pessoa e como parceiro. Esse "detalhe" faz toda a diferença.

Relacionar-se dá muito trabalho e, para que dê certo, precisamos sacrificar muitas coisas ao longo do caminho, como planos individuais, caprichos e, às vezes, até objetivos que não se alinham com a construção de uma vida a dois. Precisamos fazer concessões, abrir mão do nosso egoísmo e saber que o casal é o novo foco, e não mais somente você. Relacionar-se é um ato de altruísmo, em que não somos mais o centro do universo. Damos lugar ao casal, claro que sem abrir mão de quem somos e da nossa individualidade.

Um dos maiores equívocos que vejo atualmente é que as pessoas se guiam somente pelo lado emocional. Fazemos isso porque a sensação inicial — a euforia — é maravilhosa e, no início, tudo flui naturalmente. Mas, depois, o atrito, o peso da vida e da realidade exercem uma força contrária no relacionamento. Nesse momento, não podemos mais nos guiar apenas pelo emocional; nada flui como antes, agora é preciso esforço.

Muitas pessoas têm dificuldade nessa fase, que geralmente é a transição da paixão para o amor. Na paixão, tudo flui; no amor, precisamos de esforço contínuo. É um trabalho incessante, nunca termina — ou, pelo menos, não deveria. A maioria dos casais desconectados está assim porque uma das partes parou de se esforçar, cansou. Essa, sim, é uma receita para o fracasso.

Na paixão, ficamos intensos e impulsivos, tomamos atitudes precipitadas, podemos namorar rápido demais, às vezes moramos juntos depois de poucos meses ou até nos casamos em menos de um ano, com filhos vindo logo em seguida. A justificativa costuma ser de que não podemos perder tempo e que "quem sabe o que quer, não enrola".

Mas por que a pressa? Sempre me pergunto isso. A vida é uma jornada e deve ser desfrutada, degustada. Não falo aqui do extremo oposto, em que uma pessoa enrola a outra, e sim de cautela, de dar-se o tempo necessário para avaliar se de fato você está com a pessoa mais adequada para fazer planos compartilhados e gastar seu tempo de vida, evitando, assim, que você faça isso com uma pessoa que não valha muito a pena. Esse é o preço a se pagar por se precipitar: perder tempo com alguém que não a merece, esgotar sua energia e depois precisar recomeçar tudo do zero, só que frustrada, porque seus planos e sonhos não aconteceram conforme o planejado.

Quando temos calma e paciência, conseguimos identificar um parceiro com disposição para crescer e, com isso, aumentamos as chances de sucesso na relação. Relacionamento é um trabalho em equipe. Uma pessoa só jamais será capaz de carregar o relacionamento nas costas. Então, escolha bem seu parceiro ou parceira.

É importante saber que, ao longo do caminho, as prioridades vão mudar. O que antes era primordial deixa de ser — sexo e aventura podem dar lugar a companheirismo e segurança. É claro que um não precisa excluir o outro, mas a realidade é que as prioridades mudam ao longo do tempo. Sexo continua a ter um peso enorme, mas intimidade e conexão passam a exercer um peso ainda maior. E, se tiver sexo, intimidade e conexão juntos... bem, esta é a receita para a satisfação mútua. Todavia, o que geralmente acontece é que muitos casais se desconectam, perdem o erotismo e, como resultado, levam uma vida sexual mecânica e/ou medíocre.

Sempre pergunto às minhas pacientes como anda a vida sexual, principalmente a frequência, levando em consideração que, após anos de relacionamento, a frequência tende a diminuir. Porém, baixa frequência não é sinônimo de ausência de sexo. E por que pergunto isso a elas? Porque a vida sexual do casal é um belo termômetro de como está a conexão romântica entre os dois. Mas vamos com calma: se sua vida sexual está lá embaixo, isso não indica, necessariamente, que o relacionamento está indo por água abaixo.

Temos de entender, e aqui digo algo muito importante: um relacionamento tem fases, assim como a vida. Muitas vezes, você pode estar em crise, em uma fase difícil, como puerpério, ou estressada com o trabalho ou dinheiro. Isso não significa que seu relacionamento está desmoronando. Essa mudança de perspectiva altera completamente a forma como enxergamos o relacionamento. Até porque, se vemos as tribulações como uma fase, sabemos que ela é passageira, caso o casal decida se empenhar e se esforçar para ultrapassá-la.

O relacionamento não segue uma linearidade: ele oscila entre fases boas e ruins. A grande questão é se vocês estão dispostos a ficar juntos durante essas oscilações. É claro que existem baixos que são mais acentuados, como uma traição. Nesse caso, você tem de avaliar o peso dessa oscilação e se foi capaz de cruzar um limite inegociável.

Algo que vejo destruindo casais é o ressentimento de algo que não foi digerido ou até colocado para fora. Decepções como a ausência de apoio em momentos difíceis, como no puerpério, por exemplo. Essas são mágoas que nunca são dissolvidas e vão se acumulando com outras decepções. Relacionamento é uma jornada com altos e baixos. Seria impossível não passar por desafios e momentos de indecisão. Até porque, em relacionamentos longos, temos de levar em consideração que as pessoas mudam, se transformam, se desenvolvem. Bom, pelo menos idealmente. Muitas vezes, quem você se torna já não combina mais com a outra pessoa, ou a outra pessoa se torna alguém diferente daquela por quem você se apaixonou. Ou pior, ela estagna na vida ao mesmo tempo que você continua sua jornada de transformação.

Para evitar que ambos sigam caminhos opostos, é imprescindível o casal realinhar suas expectativas e rotas ao longo da relação. E a melhor forma de fazer isso é por meio da conversa, colocando suas insatisfações para fora, mas também seus planos e sonhos, porque eles mudam ao longo dos anos. Para isso, o casal precisa trabalhar em equipe. Acredito que essa forma de ver os relacionamentos aumenta ainda mais sua chance de sucesso.

Pode ser que você, leitora, não esteja em um relacionamento, então queria compartilhar algo com você: a vida pode ser incrível quando escolhemos um parceiro e criamos nosso time, mas ela pode ser um pesadelo se escolhermos a pessoa errada. Por isso, não tenha pressa. Saiba que você vai se frustrar diversas vezes. Temos de ser resilientes e não podemos desistir nunca. Como mencionei anteriormente, para termos uma grande recompensa, precisamos correr um grande risco. Para mim, não existe maior recompensa do que uma vida conduzida a dois com uma pessoa que valha a pena. Eu vou correr esse risco, e você?

E, mais uma vez, enfatizo que reuni neste livro minhas percepções profissionais e pessoais. Depois de ter atendido centenas de mulheres, pude confirmar minha certeza de que existem exceções em muitos casos. E que sempre posso me surpreender com a dicotomia entre teoria e prática. Por isso, tenho plena consciência de que posso estar errado em muitas coisas e que vou mudar de opinião sobre relacionamentos diversas vezes, afinal de contas, o psicólogo também precisa crescer.

Novos arranjos estão sendo formados, novas formas de amar, e também preciso me adaptar. Digo isso caso você tenha discordado de algo que falei. Ao criar este livro, minha pretensão nunca foi a de fornecer uma receita única para você viver um relacionamento. Até porque, no final das contas, temos de ter a humildade de assumir que... ninguém nasce sabendo se relacionar.

Notas

1. Maiores desafios dos relacionamentos atuais [pp. 14-38]

1 Matija Sinković e Lauren Towler, "Sexual Aging: A Systematic Review of Qualitative Research on the Sexuality and Sexual Health of Older Adults", *Qualitative Health Research*, v. 29, n. 9, pp. 1239-54, dez. 2018.

2 Barry Schwartz, *O paradoxo da escolha: Porque mais é menos*. São Paulo: A Girafa, 2004.

3 "Mulheres se sentem mais atraídas pelo papo e homens pela aparência". *G1*, 12 jun. 2013. Disponível em: https://g1.globo.com/bemestar/noticia/2013/06/mulheres-se-sentem-mais-atraidas-pelo-papo-e-homens-pela-aparencia.html#:~:text=Al%C3%A9m%20de%20buscarem%20caracter%C3%ADsticas%20diferentes,papo%2C%20como%20explicaram%20o%20endocrinologista. Acesso em: 2 jan. 2025.

4 Bárbara dos Anjos Lima, "Mônica Martelli: 'Entrei na menopausa escolhendo calcinha para sair à noite'", UOL, 3 out. 2022. Disponível em: https://www.uol.com.br/universa/noticias/redacao/2022/10/03/monica-martelli-fala-de-menopausa-paulo-gustavo-e-relacionamentos.htm. Acesso em: 2 jan. 2025.

5 Pierre Bordieu, *O poder simbólico*. Rio de Janeiro: Bertrand Brasil, 2005.

2. Superando o fantasma do ex [pp. 39-55]

1 Gabrielle Aguiar, "Um relacionamento atrás do outro? Entenda a problemática disso", *Terra*, 8 nov. 2024. Disponível em: https://www.terra.com.br/vida-e-estilo/um-relacionamento-atras-do-outro-entenda-a-problematica-disso, ae0f68cbb0bf3c7973a774f7a3022ea6hpwltsts.html. Acesso em: 2 jan. 2025.
2 John M. Gottman e Nan Silver, *The Seven Principles for Making Marriage Work.* Londres: Orion Spring, 2015.
3 Helen Fisher, *Anatomia do amor: A história natural da monogamia, adultério e divórcio.* Lisboa: Publicações Dom Quixote, 1994.

3. Comparações irreais, relacionamentos impossíveis [pp. 56-64]

1 J. M. Gottman e R. W. Levenson, "Marital Processes Predictive of Later Dissolution: Behavior, Physiology, and Health", *Journal of Personality and Social Psychology*, v. 63, n. 2, pp. 221-33, 1992.
2 Michael Kirwan, *Teoria mimética: Conceitos fundamentais.* São Paulo: É Realizações, 2015.
3 "Um contrato de namoro e um laudo psiquiátrico resolveria tudo", *Resiliência Humana*, 23 abr. 2024. Disponível em: https://www.resilienciamag.com/um-contrato-de-namoro-e-um-laudo-psiquiatrico-resolveria-tudo-diz-pedrobial-no-conversa-de-segunda/. Acesso em: 8 mar. 2025.
4 Alicia Hernández, "A química cerebral que nos empurra para relações tóxicas", *BBC News Mundo*, 12 jun. 2022. Disponível em: https://www.bbc.com/portuguese/geral-61718353. Acesso em: 3 jan. 2025.

5. Bloqueio emocional [pp. 76-84]

1 "Viés de confirmação: Mente aceita só aquilo em que acredita, dizem cientistas", *Exame*, 21 jan. 2023. Disponível em: https://exame.com/ciencia/vies-de-confirmacao-mente-aceita-so-aquilo-em-que-acredita-dizem-cientistas/. Acesso em: 5 jan. 2025.

2 Steven C. Hayes, Kirk D. Strosahl e Kelly G. Wilson, *Terapia de aceitação e compromisso: O processo e a prática da mudança consciente*. Porto Alegre: Artmed, 2021.

3 Heloísa Noronha, "Autossabotagem: Entenda motivos e veja como parar de se boicotar", *UOL VivaBem*, 8 out. 2020. Disponível em: https://www.uol.com.br/vivabem/noticias/redacao/2020/10/08/autossabotagem-entenda-motivos-e-veja-como-parar-de-se-boicotar.htm. Acesso em: 5 jan. 2025.

6. Dependência emocional [pp. 85-95]

1 Marisa Monte, "Dança da solidão". In: *Verde, anil, amarelo, cor-de-rosa e carvão*. Nova York; Rio de Janeiro: Phonomotor; EMI, 1994. Faixa 6 (3 min 37 s).

2 José-Manuel Rey e Jorge Herrera de la Cruz, "Anatomia matemática de uma queda: Como um casal se separa?", *Nexo*, 20 abr. 2024. Disponível em: https://www.nexojornal.com.br/externo/2024/04/20/anatomia-matematica-de-uma-queda-como-um-casal-se-separa. Acesso em: 8 jan. 2025.

7. Relacionamentos abusivos [pp. 96-109]

1 A. Aron, H. Fisher, D. J. Mashek, G. Strong, H. Li e L. L. Brown, "Reward, Motivation, and Emotion Systems Associated with Early-stage Intense Romantic Love: An fmri Study", *Journal of Neurophysiology*, v. 94, n. 1, pp. 327-37, 2005.

8. Os quatro pilares da autoestima e autoconfiança [pp. 110-21]

1 Série dirigida por Kim Sang Hyub e produzida pela Netflix (2020), que tem como base a *webtoon* homônima escrita por Yaongy.

2 Water Riso, *Apaixone-se por si mesmo: O valor imprescindível da autoestima*. São Paulo: Academia, 2012.

3 J. V. Wood, W. Q. E. Perunovic e J. W. Lee. "Positive Self-statements: Power for Some, Peril for Others", *Psychological Science*, v. 20, n. 7, pp. 860-66, 2009.

9. Relacionamento à distância e ciúmes [pp. 122-29]

1 Sharon S. Brehm e Jack W. Brehm, *Psychological Reactance: A Theory of Freedom and Control*. Londres: Academic Press, 2013.

2 Barry Schwartz, *O paradoxo da escolha: Porque mais é menos*. São Paulo: A Girafa, 2004.

10. Primeiro encontro e expectativas [pp. 130-44]

1 B. J. Biddle, *Role Theory: Expectations, Identities, and Behaviors*. Londres: Academic Press, 1979.

2 Gurit E. Birnbaum et al., "Sex Unleashes your Tongue: Sexual Priming Motivates Self-disclosure to a New Acquaintance and Interest in Future Interactions", *Personality and Social Psychology Bulletin*, v. 43, n. 5, pp. 706-15, 2017.

3 T. D. Conley, A. C. Moors, L. Matsick, A. Ziegler e B. A Valentine, "Women, Men, and the Bedroom: Methodological and Conceptual Insights that Narrow But do Not Eliminate Gender Differences in Sexuality", *Current Directions in Psychological Science*, v. 20, n. 5, pp. 296-300, 2011.

4 Simone de Beauvoir, *O segundo sexo*. São Paulo: Nova Fronteira, 2019. 2 v.

5 Programa das Nações Unidas para o Desenvolvimento (PNUD), Índice de Normas Sociais de Gênero 2023 (GSNI). Disponível em: https://www.undp.org/pt/brazil/desenvolvimento-humano/publications/indice-de-normas-sociais-de-genero-2023-gsni. Acesso em: 11 mar. 2025.

6 J. K. McNulty e B. R. Karney, "Expectancy Confirmation in Appraisals of Marital Interactions", *Personality and Social Psychology Bulletin*, v. 30, n. 8, pp. 905--19, 2004.

7 W. Schultz, "Neuronal Reward and Decision Signals: From Theories to Data", *Physiological Reviews*, v. 95, n. 3, pp. 853-951, 2015.

8 H. E. Fisher, L. L. Brown, A. Aron, G. Strong e D. Mashek, "Reward, Addiction, and Emotion Regulation Systems Associated with Rejection in Love", *Journal of Neurophysiology*, v. 104, n. 1, pp. 51-60, 2010.

9 Helen Fisher, *Por que amamos: A natureza e química do amor romântico*. Rio de Janeiro: Record, 2006.

12. O que você quer e busca em um relacionamento? [pp. 154-163]

1 Edwin A. Locke e Gary. P. Latham, "Building a Practically Useful Theory of Goal Setting and Task Motivation: A 35-year Odyssey", *American Psychologist*, v. 57, n. 9, p. 705-17, 2002.

13. Quebrando antigos padrões [pp. 164-78]

1 "Amor ou abuso: Saiba como identificar se você está em um relacionamento abusivo", *Globo*, 11 nov. 2020. Disponível em: https://g1.globo.com/bemestar/viva-voce/noticia/2020/06/11/amor-ou-abuso-como-identificar-se-voce-esta-em-um-relacionamento-abusivo.ghtml. Acesso em: 11 mar. 2025; "Ciclo dos relacionamentos abusivos", *Universa*, 2 fev. 2024. Disponível em: https://www.uol.com.br/universa/noticias/redacao/2024/02/02/ciclo-dos-relacionamentos-abusivos.htm. Acesso em: 11 mar. 2025.

2 Judith S. Wallerstein, Julia Lewis e Sandra Blakeslee, *The unexpected legacy of divorce: A 25 Year Landmark Study*. Nova York: Hyperion, 2000.

3 Jeffrey E. Young, Janet S. Klosko et al., *Terapia do esquema: Guia de técnicas cognitivo-comportamentais inovadoras*. São Paulo: Editora Artmed, 2008.

4 Helen Fisher, *Op. cit.*

5 Deborah Khoshaba, "The early stages of falling in love", *Psychology Today*, 20 mar. 2012. Disponível em: https://www.psychologytoday.com/intl/blog/get-hardy/201203/the-early-stages-of-falling-in-love. Acesso em: 11 mar. 2025.

14. Relacionamentos saudáveis [pp. 179-96]

1 John M. Gottman e Nan Silver, *Op. cit.*

2 Marshal B. Rosenberg, *Comunicação não-violenta: Técnicas para aprimorar relacionamentos pessoais e profissionais*. São Paulo: Ágora, 2006.

3 Esther Perel, *Sexo no cativeiro: Como manter a paixão nos relacionamentos*. Rio de Janeiro: Objetiva, 2018.

4 Deborah Tannen, *You Just don't Understand: Women and Men in Conversation*. Nova York: William Morrow Paperbacks, 2013.

FONTES Signifier e TWK Lausanne
PAPEL Pólen Bold 70 g/m²
IMPRESSÃO Imprensa da Fé